IMMÉDIATEMENT

PRIS AU PIÉGE

TROISIÈME PARTIE

DU

BARON FRÉDÉRICK

PRIS AU PIÉGE

TROISIÈME PARTIE DU *BARON FRÉDÉRICK*

PAR

Gustave AIMARD

Edition de luxe illustrée

PARIS
A. DEGORCE-CADOT, éditeur, 70 bis, rue Bonaparte
ET CHEZ TOUS LES LIBRAIRES DE FRANCE ET DE L'ÉTRANGER

TROISIÈME PARTIE

PRIS AU PIÉGE

I

LA CHAUMIÈRE DE LA SARRE-BLANCHE

Douze jours environ après les événements rapportés dans notre précédent chapitre, c'est-à-dire le mercredi 21 septembre, entre quatre et cinq heures de l'après-midi, deux hommes, qu'aux vêtements qu'ils portaient, on aurait pu prendre pour des ouvriers verriers, suivaient d'un pas hâtif un sentier qui longeait les bords fortement encaissés en cet endroit de la Sarre-Blanche et se dirigeaient, selon toute apparence, à travers bois vers le village ou plutôt le gros bourg de Saint-Quirin, si justement renommé pour ses manufactures de glaces.

Il avait plu toute la nuit précédente et une partie de la matinée; mais, vers onze heures du matin, le soleil avait réussi à percer les nuages et le temps s'était mis au beau.

Cependant, sous le couvert de la forêt, la terre, encore fortement humectée, était couverte d'une épaisse couche de boue, sur laquelle glissaient à chaque pas les pieds des voyageurs, ce qui rendait leur marche de plus en plus incommode et les fatiguait extrêmement.

Parfois, ils s'arrêtaient, s'appuyaient fortement sur le bâton noueux qu'ils tenaient à la main, essuyaient leur front ruisselant de sueur, et respiraient avec cette oppression qui dénote une grande lassitude.

Ces deux voyageurs, dont il était assez difficile de distinguer les traits à cause du chapeau à forme ronde et à larges bords qui retombait sur leurs yeux et qui cachait une partie de leurs visages, avaient dans toutes les allures de leurs corps et dans leurs mouvements, cette vigueur et cette légèreté qui constituent la jeunesse.

Ils portaient par-dessus leurs vêtements une longue blouse bleue tombant jusqu'aux genoux et leurs pieds chaussés de souliers à épaisses semelles étaient recouverts de guêtres en cuir montant jusqu'à mi-jambes.

Chacun d'eux avait sur le dos un havresac, comme en portent les ouvriers qui font leur tour de France, et une gourde en verre paillé, passée en bandoulière sur son épaule droite et tombant sur la hanche gauche.

Plus les deux hommes s'enfonçaient sous bois, plus les difficultés qu'ils rencontraient sur leurs pas devenaient grandes.

Ils marchaient côte à côte sans échanger une parole, mais jetant autour d'eux des regards inquiets, comme s'ils eussent eu à redouter quelque danger.

Du reste, quels que fussent ces deux hommes, ce qui se passait en ce moment dans cette partie de la France leur fournissait des motifs suffisants pour être en proie à une vive inquiétude.

L'armée allemande, après la malheureuse et honteuse capitulation de Sedan, avait envahi tous les départements frontières; et, faisant pour ainsi dire la tache d'huile, ses détachements s'étaient dispersés dans toutes les directions, s'emparant presque sans coup férir de toutes les places demeurées sans défense et organisant ce système de déprédations, de pillage et de vexations, depuis si longtemps préparé dans les conseils prussiens, qui devait ruiner et réduire au désespoir les malheureuses contrées sur lesquelles ils s'abattaient comme une nuée de vautours.

Sur leur route et dans les villages qu'ils avaient traversés, les voyageurs avaient été témoins des atrocités de toutes sortes, commises par les chefs de l'armée allemande.

Ce n'était que par une espèce de miracle providentiel qu'ils avaient atteint sains et saufs la forêt dans laquelle nous les rencontrons.

— Je n'en puis plus ; il m'est impossible d'aller plus loin, dit l'un des voyageurs en s'arrêtant et s'appuyant péniblement sur son bâton. La fatigue m'accable. Quand je devrais périr, j'attendrai ici que mes forces soient un peu revenues.

— Vous ne ferez pas cela, commandant, répondit l'autre voyageur. Il est impossible que nous ne rencontrions pas d'ici à une heure tout au plus une de ces cabanes que les bûcherons employés à la coupe des bois construisent dans la forêt et qu'on nous a indiquées. Un peu de résolution ! Peut-être sommes-nous tout près d'une de ces cabanes, et ce serait une folie de nous arrêter ainsi au milieu de cette boue où nous enfonçons jusqu'à mi-jambe. Nous en avons vu bien d'autres en Afrique, et cependant nous ne nous sommes pas laissé abattre.

— Tu en parles bien à ton aise, répondit celui auquel son compagnon donnait le titre de commandant, et qui n'était autre que Michel Hartmann, que le lecteur a sans doute déjà reconnu. Alors ce n'était pas la même chose ; l'espoir nous soutenait. Nous savions où nous allions. Mais ici ! nous sommes perdus, abandonnés, seuls, presque sans armes et entourés d'ennemis. C'est en vain que j'essaie de lutter. Je te le répète, la fatigue m'accable et il m'est impossible de faire un pas de plus.

— Bon ! j'admets cela, mon commandant. Si vous êtes faible, moi je suis fort. Prenez mon bras, appuyez-vous sur mon épaule.

— A quoi bon te fatiguer plus que tu l'es ? Que nous importe de faire encore quelques pas de plus ? répondit-il tristement.

— Allons donc, commandant, je ne vous reconnais plus. Est-ce vous qui parlez comme cela ? vous l'officier le plus brave du régiment ? vous qui nous avez fait échapper de Sedan, grâce à des prodiges d'intelligence et de courage ? Croyez-vous que je vais vous laisser là, par hasard ? Allons donc ! pour qui me prenez-vous ? Foi de Parisien, si vous ne pouvez plus marcher, je vous porterai ; j'en crèverai peut-être, mais il ne sera pas dit que je vous aurai laissé en route.

Un sourire triste effleura les lèvres de l'officier et, serrant affectueusement la main du brave garçon, dont il connaissait depuis longtemps le dévouement :

— Allons, soit, dit-il, marchons encore puisque tu le veux. Mais j'ai bien peur que tout cela n'aboutisse fatalement à une catastrophe.

— Eh bien ! après nous la fin du monde

…it gaiement le soldat. Si nous mourons, notre fortune sera faite. Ne doit-on pas finir par là ? La mort ne nous a pas fait peur, ni à l'un ni à l'autre ; nous l'avons vue en face assez souvent, mais au moins, si nous devons mourir, que ce soit après avoir lutté jusqu'au bout et avec cette conviction intime d'avoir tenté tout ce qu'il était humainement possible pour nous sauver. En route, mon commandant, et prenez mon bras.

— Non, pas à présent. Je me sens un peu reposé. Si plus tard j'ai besoin de toi, eh bien, je te demanderai ton aide.

Michel et le Parisien reprirent leur route. Ils continuèrent à s'avancer, mais lentement et péniblement.

Ils marchaient ainsi depuis vingt minutes environ, lorsque tout à coup le Parisien s'arrêta en poussant un cri de joie.

— Voyez, commandant, s'écria-t-il en s'adressant à son compagnon et lui désignant du doigt une chaumière que l'on commençait à apercevoir entre les arbres. Qu'est-ce que je vous disais ? Voilà la cabane demandée. Cette fois nous sommes sauvés. Nous pourrons nous reposer tout à notre aise. Hein ! c'que c'est que l'entêtement pourtant ! Eh bien ! tenez, commandant, on dira ce qu'on voudra, mais le diable m'emporte si, dans des moments comme celui-ci, je ne me dis pas qu'il y a un bon Dieu ! Faut qu'il y en ait un, pour sûr.

Les deux hommes quittèrent alors le sentier qu'ils suivaient pour en prendre un plus étroit et moins frayé qui, à la suite de méandres sans nombre, paraissait aboutir à la chaumière qu'ils avaient aperçue.

Ce sentier aboutissait effectivement à la chaumière, mais en la contournant. Cette cabane, plus importante que les voyageurs ne l'avaient cru au premier abord, n'était pas un de ces abris comme les bûcherons ont l'habitude d'en construire en plantant quelques pieux en terre. C'était une chaumière à la vérité, mais assez grande, avec quatre fenêtres de façade, une large porte à deux vantaux, un grenier, le tout couvert en chaume ; un appentis servant d'écurie pour deux ou trois chevaux, et, par derrière un jardin dans lequel poussaient, un peu au hasard, plusieurs espèces de légumes, et qui était défendu par un enclos contre les invasions des animaux nuisibles.

Après avoir fait le tour de cette demeure plus que rustique, les voyageurs atteignirent sa façade, laquelle donnait sur une route assez large, bien empierrée, carrossable et qui, à l'endroit où s'élevait la maison, formait une espèce de carrefour où venaient aboutir plusieurs chemins.

En somme, cette chaumière était tout simplement une auberge ou, pour mieux dire, un tourne-bride d'un aspect très peu confortable, à la vérité, mais qui, dans la situation où se trouvaient nos voyageurs, leur sembla des plus agréables.

Ils pénétrèrent dans une salle de médiocre grandeur, dont la voûte était fort basse et dont tout l'ameublement se composait d'un comptoir à demi disloqué, de quelques tables boiteuses et d'un coucou en bois dont les poids étaient enfermés dans une gaîne en sapin.

Une femme d'une cinquantaine d'années, vêtue comme les paysannes du pays, était assise sous un rayon de soleil, près de la porte et filait tout en marmottant à demi-voix ses patenôtres.

En apercevant les deux hommes, elle releva la tête, leur sourit doucement en leur faisant signe de s'asseoir, invitation qu'elle n'eut pas besoin de répéter, et la vieille femme, se levant aussitôt sans parler, disparut par une porte qui s'ouvrait à droite de la salle, auprès du comptoir.

Michel et son soldat, accablés de fatigue, s'étaient, ainsi que nous l'avons dit, laissés aller sur un banc où ils demeurèrent pendant assez longtemps mornes, inertes et silencieux.

La vieille femme rentra dans la salle.

Elle tenait de chaque main une bouteille poudreuse.

Après avoir pris sur le comptoir deux verres qu'elle plaça devant les voyageurs, elle posa une des bouteilles qu'elle portait sur la table, déboucha l'autre et remplit les deux verres jusqu'au bord.

— Buvez ça, mes enfants, dit-elle gaiement d'une voix douce et avec un accent affectueux. C'est du bon vin de Bourgogne. Je n'en donne pas à tout le monde, dà! Mais rien qu'en vous apercevant, j'ai reconnu que vous aviez besoin de vous réconforter... Non, ne parlez pas encore..... Tendez vos verres. Quand on a deux bons verres de vin dans l'estomac, on se sent tout ragaillardi... Eh! maintenant que dites-vous de cela? N'ai-je pas raison? ajouta-t-elle en posant la bouteille sur la table et en regardant les deux hommes en souriant.

— Oui. vrai Dieu! vous avez raison, la mère! s'écria joyeusement le Parisien, tout en suçant sa moustache. En v'la un crâne vin! Il ressusciterait un mort. Ah! vous avez eu là une généreuse inspiration, bonne femme. Il ne fallait rien moins que ces deux verres de vin pour remettre de l'ordre dans mes idées et rendre un peu de forces à mon pauvre comman... je veux dire compagnon, ajouta-t-il en se reprenant.

— Allez! ne vous gênez pas devant moi, reprit en riant l'aubergiste. Je suis bonne femme, une vraie Française. J'ai cinq fils sous les drapeaux en ce moment. Deux sont à Strasbourg et les trois autres font la guerre de partisans. Hé donc! Est-ce qu'il ne faut pas défendre son pays?

— Vous êtes une digne femme et nous vous remercions sincèrement de ce que vous faites pour nous, dit le commandant Michel en relevant péniblement la tête.

— Attendez, ne parlez pas encore, mon officier, reprit-elle vivement. J'ai mis quelque chose à chauffer à votre intention. C'est encore plus la faim que la fatigue qui vous

accable. Quand vous aurez bu un bon bouillon et mangé un morceau, vous serez un tout autre homme. Vous verrez.

— Mais comment savez-vous?... demanda Michel.

— Que vous êtes officier? interrompit-elle en riant. La belle malice! comme c'est difficile à savoir. Malgré vos déguisements, je vous ai reconnus au premier coup d'œil. Hé donc? croyez-vous que, pour être une paysanne, on soit une bête? Je suis la femme d'un soldat, moi. Mon homme était à la prise d'Alger. Ça ne date pas d'hier, comme vous voyez. Il a fait la campagne de Crimée. Il était maître canonnier à bord du vaisseau le *Henri IV*, qui a fait un si épouvantable naufrage dont mon pauvre homme n'a pas eu à se plaindre, car ça lui a valu la croix et sa retraite. Vous voyez donc qu'il ne m'est pas difficile, moi femme d'un vieux marin, de reconnaître un soldat. Mais, soyez tranquilles, vous êtes ici chez des amis. D'ailleurs, ces canailles de Prussiens n'ont pas encore paru dans nos environs, bien que, d'après ce que nous avons entendu dire, ils pillent et incendient tout le pays d'alentour.

— Nous n'aurons pas de secret avec vous, chère dame, reprit Michel. Vous ne vous êtes pas trompée dans vos conjectures. Je suis, en effet, un officier de l'armée du maréchal de Mac-Mahon. L'ami qui m'accompagne est sous-officier dans mon régiment. Nous nous sommes évadés de Sedan après la capitulation, et, après avoir traversé comme par miracle toutes les lignes prussiennes, nous sommes parvenus, en bravant des dangers innombrables, à arriver jusqu'ici. Mais nos forces, les miennes surtout, sont à bout. Je n'aurais pu faire un pas de plus, et pourtant le trajet qui nous reste à parcourir est encore bien long.

— Ne vous désespérez pas, mon officier. Cette pauvre demeure et tout ce qu'elle renferme, le propriétaire compris, est à votre disposition. Mon mari sera heureux de vous offrir l'hospitalité pour tout le temps nécessaire au rétablissement de vos forces.

— Votre mari est absent? demanda le Parisien.

— Oui, mon camarade, dit en riant l'alerte aubergiste. Depuis le commencement des hostilités, il a pris l'habitude de tirer des bordées, ainsi qu'il dit, dans nos environs, à dix ou douze encâblures, tribord et bâbord, de notre maisonnette, pour voir s'il n'a pas connaissance de quelques uhlans, et les relever au point. Mais v'là le soleil qui baisse. Le vieux ne tardera pas à virer de bord pour revenir au mouillage. Vous le verrez bientôt arriver. En attendant, comme cette salle est ouverte à tout venant et que, depuis quelques jours, il y a pas mal d'individus suspects qui tirent des bordées dans la forêt, suivez-moi. Je vas vous conduire dans une chambre, ici, à côté, où vous serez parfaitement à votre aise et où personne ne vous verra.

Les deux hommes se levèrent et la suivirent.

La bonne femme les introduisit alors dans une chambre assez grande, dont les murs blanchis à la chaux, étaient couverts de cinq ou six gravures enluminées d'Épinal, représentant toutes des scènes de marine et placées dans des cadres de bois noir vitrés.

Deux lits en forme de cercueil tenaient un des côtés de la pièce. Une large cheminée, fermée par un paravent, occupait le deuxième côté. Sur cette cheminée se trouvait une pendule d'albâtre, à colonnes, flanquée de deux vases également en albâtre, remplis de fleurs artificielles et qui, ainsi que la pendule, étaient recouverts de globes. Plusieurs chaises, deux fauteuils en velours d'Utrecht et une table en ce moment recouverte d'une nappe et servie pour deux personnes, complétaient l'ameublement de cette chambre.

— Asseyez-vous, dit l'hôtesse, et ne vous impatientez pas. Dans dix minutes, je vais vous apporter un potage dont vous me donnerez des nouvelles et dont vous me semblez avoir grand besoin.

— Ah! oui, par exemple! s'écria le Parisien en se frottant les mains.

— Ma bonne mère, ajouta Michel, nous nous abandonnons tout à fait à vos soins. Je ne sais comment nous pourrons reconnaître votre franche et cordiale hospitalité.

— Bast! dit-elle gaiement, ne vous occupez pas de ça. Buvez, mangez, et surtout redevenez forts et dispos. Le reste n'est rien. D'ailleurs, vous êtes ici chez un vieux soldat et, entre camarades, on s'entend toujours.

Elle sortit alors, mais elle rentra presque aussitôt, portant une soupière dont le fumet parfuma toute la chambre.

Les deux hommes, malgré leur fatigue, se mirent à manger de bon appétit. La brave femme suivait leurs mouvements avec une sollicitude maternelle, leur servant les plats qu'elle avait préparés à la hâte pour eux, les excitant à manger et remplissant leurs verres aussitôt qu'ils étaient vides.

Lorsqu'enfin les deux fugitifs furent suffisamment restaurés, en un clin d'œil la brave femme enleva le couvert, puis elle se retira, en les engageant à se mettre au lit et à dormir, seul moyen, à son avis, de réparer promptement leurs forces.

Maintenant que leur faim était apaisée, l'officier et son compagnon ressentaient plus vivement la fatigue.

Ils ne virent donc aucun inconvénient à suivre le conseil amical que leur donnait leur hôtesse et se couchèrent chacun dans un lit où ils s'étendirent avec cette satisfaction et ce bien-être moral qu'éprouvent généralement les hommes, si forts qu'ils soient, lorsque, pendant longtemps, ils ont été contraints de dormir tout habillés sur la paille et la terre nue, au gré des événements.

Dix minutes plus tard, ils étaient profondément endormis.

Ils n'auraient su dire depuis combien de temps ils dormaient ainsi lorsque tout à coup ils furent réveillés en sursaut par le bruit incessant mais bien connu d'eux d'une fusillade assez rapprochée

Ils ouvrirent les yeux.

Une lueur rougeâtre éclairait leur chambre.

Ils se jetèrent à bas de leurs lits, et en quelques secondes ils furent habillés et prêts à tout événement.

Cependant les quelques heures de repos qu'ils venaient de prendre avaient suffi pour leur rendre leurs forces. Leur fatigue avait disparu. Leurs membres avaient repris leur élasticité. Avec la vigueur, le courage leur était revenu.

Chose étrange, un silence de mort régnait dans la maison.

La fusillade semblait plutôt s'éloigner que se rapprocher, et, n'eussent été les grandes lueurs rougeâtres qui empourpraient l'horizon, ils auraient presque cru qu'ils s'étaient trompés et avaient été le jouet d'une illusion.

Le commandant alluma une chandelle laissée sur la table, et il ouvrit la porte qui communiquait avec la salle commune de l'auberge.

Deux personnes seulement occupaient cette salle : un homme et une femme.

Ces deux personnes étaient assises, de chaque côté de la cheminée. Elles semblaient dormir.

L'homme avait un fusil posé en travers sur ses genoux.

Au bruit que fit la porte en s'entr'ouvrant, cet homme releva la tête.

C'était le mari de l'hôtesse, l'ancien maître canonnier du vaisseau *le Henri IV*.

Il paraissait avoir cinquante-cinq à cinquante-six ans, tout au plus. Il était de taille moyenne, mais trapu, et paraissait doué d'une grande vigueur.

Son visage parcheminé, et qui avait pris la teinte de la brique cuite, avait une grande expression de bonté et de franchise, jointe à cette rudesse qui caractérise les marins.

— Soyez les bienvenus, messieurs, dit-il en se redressant et en souriant aux deux soldats. Je regrette que tout ce tapage vous ait réveillés ; mais, puisque vous avez quitté vos lits, si vous ne vous sentez plus sommeil, approchez-vous du feu, et tout en nous chauffant, nous boirons le coup du matin.

— Quelle heure est-il donc ? demanda Michel avec étonnement.

— Il est près de cinq heures, reprit l'hôtelier. Si nous n'étions pas sous bois, vous verriez le jour, car le soleil est levé depuis dix minutes déjà.

Tout en parlant ainsi, l'ancien canonnier, sans éveiller sa femme, avait été chercher une bouteille et des verres qu'il avait posés sur une table, près de la cheminée.

— Ainsi, vous êtes des fugitifs de Sedan ? dit-il après avoir rempli les trois verres de *kouetch*, liqueur faite avec l'acide fermenté des noyaux de prunelles et fort en usage dans cette contrée.

— Oui, monsieur, répondit Michel. Dix de nos camarades et nous, nous avons réussi à franchir les lignes prussiennes en nous déguisant en soldats bavarois et en feignant d'être une patrouille.

— Pardieu ! le tour est bien joué et je vous en félicite, mon officier, dit l'hôtelier en riant. Les Prussiens ont dû avoir un fier pied de nez d'une fuite aussi audacieuse. Et que sont devenus vos compagnons ?

— Lorsque nous avons été assez éloignés des lignes prussiennes, chacun a tiré de son côté. Il eût été imprudent de continuer à marcher ensemble, surtout dans une contrée où les détachements allemands battent la campagne sans répit et dans tous les sens. Mais je crois que la plupart de nos compagnons auront suivi mon conseil et se seront jetés dans la montagne pour se joindre aux francs-tireurs qui défendent le terrain pied à pied contre les envahisseurs étrangers.

— Mais vous, mon officier, s'il m'est permis de vous adresser cette question, et

Le général Uhrich, commandant de Strasbourg.

croyez bien que ce n'est pas par curiosité, mais seulement par intérêt pour vous, de quel côté vous dirigez-vous ?

— J'essaie de me rapprocher de Strasbourg et même d'y entrer, si cela m'est possible. D'abord parce que je suis officier et que j'ai à remettre au général Uhrich une lettre dont m'a chargé le commandant de Metz, et ensuite parce que je suis né à Strasbourg, et que toute ma famille s'y trouve.

— Vous tentez là, mon officier, une entreprise qui est bien difficile, pour ne pas dire impossible. Strasbourg est complétement investi. Les Prussiens tiennent toute la campagne aux environs sur une étendue de plus de six lieues. Il vous sera bien difficile de traverser leurs lignes sans être arrêté.

— Bast ! répondit en riant le Parisien, nous les avons déjà traversées une fois, nous les traverserons bien une seconde fois pour rentrer dans Strasbourg. N'est-ce pas commandant ?

— Comment, monsieur! s'écria l'ancien canonnier en se levant et ôtant son chapeau à larges bords que jusqu'à ce moment il avait gardé sur sa tête, c'est un officier supérieur de l'armée française que j'ai l'honneur de recevoir sous mon toit?

— Nous n'avons pas à garder notre incognito avec vous, mon brave camarade, répliqua gaiement le Parisien, et, puisque j'ai commencé à vous instruire sans le vouloir, eh bien! vous saurez tout. Monsieur est le commandant Michel Hartmann, du troisième zouaves, et moi, je suis Jean Trublet dit le Parisien, sergent à la deuxième du troisième du même régiment, voilà! Vous connaissez les zouzous, hein? Vous qui êtes un ancien?

— Oui, oui, reprit le marin avec un franc éclat de rire. Je les ai vus en Afrique, en Crimée, à l'Alma, à Inkermann. Il faisait chaud là! Allons, allons, nous sommes en pays de connaissance. Ah! je suis bien heureux que vous ayez choisi ma maison pour vous y reposer. Messieurs votre vue me rajeunit de vingt ans; car, moi aussi, j'ai fait la grande guerre, et les matelots et les soldats ont assez fraternisé en combattant côte à côte depuis l'expédition d'Alger jusqu'à aujourd'hui pour qu'ils se considèrent maintenant comme des amis.

— Ce qui n'existait pas avant, hein! dit le Parisien. Ils s'aimaient tendrement, comme chien et chat; mais c'est passé ce temps-là, grâce à Dieu! Mais asseyez-vous donc maître!

— Vous permettez, commandant? reprit respectueusement le canonnier.

— Comment si je vous le permets; plaisantez-vous? je vous en prie. Il n'y a pas de différence de grades entre nous, en ce moment. Nous sommes trois Français, que les malheurs de leur patrie ont réunis et qui pleurent ensemble sur les désastres de la France.

— Lorsque vos blouses se sont entr'ouvertes tout à l'heure, j'ai vu briller un ruban rouge à la boutonnière de vos vestes. Ce ruban je le porte aussi, moi, commandant, et c'est en Crimée que je l'ai gagné. Ainsi que cette confraternité soit un lien de plus entre nous. Ce que vous a dit ma femme quand vous êtes entrés, je vous le répète, moi, Pierre-Marie Legoff, ancien premier maître de canonnage, vous êtes ici chez vous. Disposez de moi et du peu que je possède, comme si tout vous appartenait.

— Merci, mon ami, merci du fond du cœur, reprit le commandant avec émotion. Et maintenant que nous nous connaissons, puis-je vous demander ce que c'est que cette fusillade que nous avons entendue et qui nous a réveillés en sursaut?

— Je ne sais encore rien de positif à cet égard, commandant. Mais nous ne tarderons pas, je l'espère, à recevoir des nouvelles. Je loge depuis quelques jours dans cette maison un ancien ami, un vieux camarade à moi, qui est un peu contrebandier, un peu braconnier, qui fait enfin tous les métiers à peu près défendus, quoique ce soit un très-honnête homme. Au premier coup de feu, il n'a pas pu y tenir et il s'est lancé dans la forêt pour prendre des renseignements, comme il dit. C'est un rude pilote, allez, et qui connaît la manœuvre. Il est fin comme l'ambre et madré comme trois juifs.

— Les Prussiens sont-ils donc près d'ici?

— Je le crois bien. Ils ont occupé avant-hier le gros bourg de Saint-Quirin. Les habitants n'ont opposé aucune résistance. Les Prussiens auront sans doute essayé, comme partout où ils passent, de commettre leurs pilleries et leurs voleries habituelles; et de là, sans doute, les coups de fusil que nous avons entendus.

— Hum! s'il en est ainsi, il est heureux pour nous que nous nous soyons arrêtés chez vous, maître Legoff, dit le Parisien.

— Pourquoi cela, mon camarade?

— Parce que le commandant et moi nous avions l'intention d'aller coucher à Saint-Quirin et que nous aurions poussé jusque-là si la fatigue ne nous avait pas contraints de nous arrêter en route.

— En effet, dit l'aubergiste, c'est très-heureux pour vous. Qui sait ce qui serait arrivé ?

— Avec tout ça, maître Legoff, dit la bonne femme en se redressant sur sa chaise, vous êtes là à babiller comme une linotte et vous me laissez dormir comme une mouette sur une vergue, tandis que je devrais être déjà en train de préparer le déjeuner. Voyez-vous, mes enfants, ajouta-t-elle en se tournant vers les deux soldats, en ce moment surtout, on ne sait ni qui vit, ni qui meurt. Il est bon de prendre toujours ses précautions. Voilà pourquoi je vais vous bâcler un déjeuner en un tour de main, parce que, si vous étiez obligés de partir à l'improviste, il est très-malsain de naviguer sur son lest. Il est bon, quand on met le cap en route, d'avoir des provisions arrimées dans la cale.

Maître Legoff, se mit à rire.

— Va, va, la vieille, dit-il, tu as raison. Il est toujours bon d'être paré. Nous disons, nous autres marins, qu'il faut se défier de la marée qui porte au vent. Soyez calme, commandant. Bien que nous soyons échoués dans ce pays-ci, ma femme et moi, nous sommes nés sur les côtes de l'Océan et nous savons conduire not' barque. Allons, ouvre l'œil, la vieille. Une bonne soupe à l'oignon, une omelette au lard, sans compter une tranche de jambon, le tout arrosé par quelques verres de vin de Cahors, une bonne goutte d'eau-de-vie pour faire la digestion et après cela, vive Dieu ! quoi qu'il arrive, nous pourrons nous patiner sur nos basses voiles comme de jolis garçons, sans crainte d'être pris en travers par la lame.

— C'est bon ! c'est bon ! maître Legoff. Je sais ce que j'ai à faire. Personne mieux que moi, j'm'en flatte, n'entend le département de la cambuse.

Et, en effet, avec une adresse, une vivacité et un entrain dont on ne l'aurait pas crue capable, la brave femme commença à vaquer aux soins du ménage.

En un tour de main, elle eut rallumé le feu à demi éteint, épluché les oignons ; coupé le lard, cassé et battu les œufs.

— Filez un peu vot'chaîne et poussez au large, dit-elle. Vous me gênez devant la cheminée.

Les trois hommes se levèrent en riant et allèrent s'asseoir à l'écart.

Tout en chantonnant et en bougonnant, la brave femme avait mis en ordre la petite chambre où avaient couché les voyageurs et dressé le couvert pour le déjeuner.

— Vous serez mieux là que dans la salle, dit-elle. Vous pourrez causer tout à votre aise.

Enfin, il y avait tout au plus trois quarts d'heure qu'elle s'était mise à l'œuvre lorsqu'elle avertit les trois hommes que le repas était prêt.

— J'espère que vous nous ferez l'honneur de déjeuner avec nous, maître Legoff, dit le commandant en remarquant que la bonne femme n'avait mis que deux couverts. Je vous avertis tout d'abord que, si vous refusez de nous tenir compagnie, ni moi ni mon compagnon ne nous mettrons à table.

— Hé ! bonnes gens ! *Jésus ma Doué !* ne vous faites point de chagrin pour si peu. Puisque le commandant veut bien nous y autoriser, maître Legoff, nous déjeunerons avec lui. Ça me regaillardit le cœur de voir un bel officier comme lui dans ma maison. Allons, venez, ajouta-t-elle en prenant la soupière. La soupe à l'oignon est faite et ficelée ; je ne vous dis que ça.

Les quatre convives s'assirent autour de la table.

Malgré ses tristes préoccupations et l'inquiétude qui le dévorait, le commandant se sentait entraîné par la franchise cordiale de l'hospitalité que lui offraient ces braves gens.

Pour un instant, il oublia tout ce que sa position avait de fâcheux et de précaire, et il se laissa aller à cette gaîté si pleine de bonhomie.

Le repas fut ce qu'il devait être, c'est-à-dire sans façons et presque gai. Les convives firent franchement honneur aux mets placés devant eux.

Malgré l'excellent repas qu'ils avaient fait la veille, Michel et le Parisien mangèrent de bon appétit et en hommes qui ne savent pas s'ils dîneront le soir.

Cependant la fusillade s'était peu à peu éloignée, et depuis quelque temps déjà elle avait complétement cessé de se faire entendre.

Un joyeux soleil brillait au dehors, et par la fenêtre ouverte de la petite chambre, on entendait chanter joyeusement les oiseaux blottis sous la feuillée. Tout présageait une belle journée.

Le déjeuner était fini.

Les convives, le coude sur la table, causaient entre eux tout en sirotant en véritables amateurs le café que la bonne femme avait placé brûlant devant eux, et en fumant dans des pipes en terre à tuyaux microscopiques et noirs comme le jais, qui sont si appréciées des marins et des soldats.

— Il me semble, dit le commandant, que l'ami dont vous m'avez parlé reste bien longtemps dehors ?

— En effet, cela m'étonne. Il devrait être rentré depuis longtemps déjà.

— Peut-être lui est-il arrivé quelque chose ? fit observer le Parisien.

— Oh ! quant à cela, il n'y a pas d'inquiétude à avoir. Il connaît le pays sur le bout du doigt et passerait, les mains dans ses poches, au beau milieu de l'armée prussienne, sans être aperçu par un seul soldat. Et puis, il a toujours sur les talons un grand diable de chien qui sent les Prussiens une demi-lieue à la ronde.

— Ah ! cet homme a un chien avec lui ? reprit le commandant avec intérêt.

— Oui. Un chien auquel il ne manque que la parole, pour être aussi intelligent que son maître. Il a un fier nez, allez, ce diable de Tom.

— Tom ! vous l'appelez ? s'écria le commandant. Voilà qui est étrange !

— Pourquoi cela, commandant ? Tom est un nom très-répandu parmi les chiens...

— C'est vrai. Cependant.

— Je voudrais voir revenir mon ami, reprit l'aubergiste qui n'avait attaché aucune importance à la surprise manifestée par l'officier, parce que, ainsi que je l'ai dit, il connaît le pays sur le bout du doigt et il n'aurait pas refusé, j'en suis convaincu, de vous servir de guide, au lieu que s'il ne revient pas, il faudra que vous consentiez à rester ici jusqu'à ce soir, et alors je me chargerai moi-même de vous conduire à travers bois, à quelques lieues d'ici, dans un endroit où vous serez bien reçus et où surtout vous serez en sûreté.

— Je vous remercie, mon cher hôte ; mais je serais désespéré de vous causer ce dérangement et de vous éloigner de votre maison où en ce moment votre présence doit être indispensable.

— Indispensable ! allons donc ! s'écria l'hôtesse. Croyez-vous, par hasard, commandant, que je ne sois pas état de recevoir les z'uhlans, comme on les appelle, s'ils osaient venir frapper à ma porte. Bon ! j'en ai vu bien d'autres, allez.

— Ma femme vous dit la vérité, mon commandant, reprit maître Legoff. Cette misérable masure n'a rien à redouter des ennemis qui d'ailleurs ne se hasarderaient pas à courir la forêt, à moins d'être fort nombreux. Quant à moi, je ne vous laisserai pas vous éloigner seuls. Vous ne pourriez pas faire dix pas sans vous égarer, et qui sait alors ce qui arriverait. Mais tenez, voici qui arrange tout. J'entends le pas de l'ami dont je vous ai parlé. Bientôt il sera ici. Vous allez le voir, et, je vous le répète, il ne refusera pas à vous servir de guide sur ma recommandation.

En effet, le bruit d'un pas rapide se dirigeant

ers la maison se faisait entendre au dehors. Bientôt la porte de la masure s'ouvrit. Un homme traversa la salle et apparut sur 〈le〉 seuil de la petite chambre.

— Le Loup-Garou ! s'écria l'officier. Je 〈l'〉avais deviné.

— Le capitaine Michel Hartmann ! fit de 〈s〉on côté le contrebandier. Enfin, je le retrouve 〈d〉onc ! Qu'est-ce que tu dis de ça, Tom ! en 〈v〉oilà de la chance.

Le chien aboya et vint caresser l'officier.

II

OU IL EST PROUVÉ QUE TROP PARLER NUIT

Lorsque l'émotion bien légitime causée par une rencontre aussi imprévue fut un peu calmée, Michel Hartmann pressa le Loup-Garou de lui apprendre ce qui s'était passé depuis leur séparation, et s'il avait réussi dans ses recherches et accompli la mission sacrée qui lui avait été confiée.

— Rassurez-vous, capitaine, répondit en souriant le Loup-Garou, les deux dames sont en sûreté, ou du moins elles étaient à l'abri de tout danger lorsque je les ai quittées il y a quatre jours. Malheureusement les choses marchent de telle façon que je ne puis rien vous assurer de plus. Les Prussiens sont aussi nombreux en Alsace en ce moment que les sauterelles dans les déserts de l'Afrique. Et bientôt, je le crains, il ne restera plus dans tout le pays un mètre de terrain où il sera possible à un honnête homme de mettre le pied sans craindre un piège.

— Et Strasbourg, tient-il toujours ?

— Oui, la garnison et les habitants font des prodiges. Mais ils sont serrés de très-près. Tout leur manque. Et je crains que, malgré leur héroïsme, ils ne soient bientôt contraints de se rendre.

— Que me dites-vous donc là ? La place est forte ; ses murailles sont solides ?

— Cela est vrai. Mais les Prussiens ont inauguré une nouvelle manière de faire la guerre. Depuis un mois déjà Strasbourg est bombardé à outrance, avec des bombes incendiaires, des engins terribles dont, jusqu'à présent, on n'avait jamais entendu parler. Et ne croyez pas que ce soit sur les fortifications que les Prussiens dirigent leurs bombes, leurs obus et leurs boulets. Non ; les fortifications sont presque intactes. Le général de Werder, ce féroce soudard qui n'a de l'homme que le visage, et encore ! fait pleuvoir le feu et le pétrole sur la ville elle-même dont il a pris à tâche, sans respect des femmes, des enfants et des vieillards, de détruire non-seulement les maisons particulières, mais encore les hôpitaux et les monuments les plus remarquables du monde entier. C'est en vain que le pavillon de la Convention de Genève flotte sur les ambulances ; c'est en vain que la cathédrale est, depuis le commencement du bombardement, illuminée toutes les nuits ; ces précautions n'ont d'autres résultats que de rectifier la ligne de tir des artilleurs de Werder et d'aider à la destruction de ces monuments que des barbares auraient respectés.

— Mais ces hommes font donc une guerre de sauvages ? s'écria Michel avec indignation. Une telle férocité est impossible. On vous aura trompé.

— On ne m'a pas trompé, j'ai vu. Deux fois j'ai réussi à m'introduire dans la place, oui, et malgré toutes les précautions qui avaient été prises pour enfermer la ville dans une mer de feu.

— Mais alors, s'il en est ainsi... mon père, vous l'avez vu ?

— Oui, je l'ai vu, capitaine, c'est lui qui m'a présenté au général Uhrich. Vous devez être fier d'un tel père. Oubliant les malheurs de sa famille, renfermant dans son cœur ses douleurs privées, c'est lui qui soutient le courage de ses compatriotes, qui les anime, qui en fait des héros !

— O mon père ! s'écria Michel. Quelle lourde tâche ton patriotisme m'impose ! Pourrai-je jamais atteindre à la hauteur de ton dévouement !

Il y eut un instant de silence, puis le jeune officier reprit la parole d'une voix brisée par l'émotion :

— Comment les Prussiens se justifieront-ils devant le monde civilisé des infamies qu'ils commettent ainsi de sang-froid et de parti pris ; — et relevant soudainement la tête : — Dites-moi, ajouta-t-il, comment vous êtes parvenu à retrouver les traces des deux pauvres femmes que la terreur avait affolées et qui nous avaient abandonnés si précipitamment, lors de notre rencontre avec les uhlans ?

— A quoi bon revenir là-dessus, capitaine ? Ce serait perdre un temps trop précieux pour nous que d'entrer en ce moment dans le détail des recherches auxquelles je me suis livré. Qu'il vous suffise provisoirement de savoir que je vous ai dit la vérité, que votre mère et votre sœur sont, ou du moins étaient saines et sauves et en sûreté, il y a quatre jours, et que je les ai laissées pleines de l'espoir de vous revoir bientôt.

— Un mot seulement ; où sont elles ?

— A la ferme du Grand-Soldat.

— Oh ! alors je suis tranquille.

— Peut-être, capitaine. Ne nous réjouissons pas encore. Et maintenant, dites-moi, capitaine, comment il se fait que je vous rencontre ici.

— Quelques mots suffiront pour vous le faire comprendre. J'avais été envoyé par le maréchal Bazaine au maréchal Mac-Mahon. Je rejoignis l'armée pendant cette contre-marche qu'on avait contraint le maréchal Mac-Mahon à faire au lieu de le laisser se diriger comme il le voulait sur Paris ou Metz, et qui l'obligea à se concentrer sous Sedan, où, après deux jours de combats héroïques, lorsque rien n'était perdu encore, bien que le maréchal fût blessé et que les Prussiens nous entourassent, l'empereur, unique cause de nos désastres, méconnaissant toutes les lois de l'honneur, oubliant ce qu'il devait à la France et au nom qu'il porte, osa commettre cette insigne lâcheté de faire hisser le pavillon parlementaire, malgré tous ses généraux et malgré tous ses soldats qui le suppliaient de se mettre à leur tête pour faire une trouée. Ne voulant accepter ni cette honte ni cet opprobre, je résolus de me faire tuer plutôt que de subir ce déshonneur. Par un prodige d'audace après m'être caché pendant quelques jours dans la ville, je parvins à traverser toute l'armée prussienne, à franchir ses lignes, accompagné seulement de quelques hommes déterminés comme moi, et après des fatigues extrêmes, j'ai réussi à arriver ici où je suis depuis hier soir seulement et où j'ai trouvé l'hospitalité la plus franche, la plus entière et la plus cordiale.

— D'après ce que je vois, mon capitaine, vous êtes frais et dispos, n'est-ce pas ?

— Oui, grâce à Dieu !

— Avez-vous des armes ?

Le commandant Michel leva le bas de sa blouse.

— Vous le voyez, dit-il : deux revolvers à six coups d'une taille assez respectable et un sabre-baïonnette. Cela vous suffit-il ?

— Sans compter que j'en ai autant à votre service, ajouta le Parisien en ricanant.

— C'est bien comme cela. Mais cependant, si vous le désirez, je puis y ajouter un chassepot pour chacun de vous.

— Soit ! fit Michel.

— Abondance d'armes ne nuit pas, ajouta le Parisien en riant.

— Maintenant, de quoi s'agit-il ?

— La moindre des choses. Une légère embuscade. C'est moi qui l'ai dressé. Je ne vous dis qu'ça.

— Oh! alors je suis tranquille, dit Michel riant. Mais contre qui cette embuscade ?

— Voilà la chose. Vous savez que ça a chauffé pas mal toute la nuit passée. Eh bien ! maintenant les Prussiens croient nous avoir battus et s'installent tranquillement à Saint-Quirin. Pour lors, il y a une grande dame russienne qui suit leur armée, je ne sais pas trop pourquoi ; d'ailleurs, ça ne me regarde pas et ça m'est égal ; cette dame doit rejoindre aujourd'hui même à Saint-Quirin le détachement qui s'y est établi. J'ai appris ça ce matin par un uhlan qui s'est hasardé à traverser toute la forêt au galop et que j'ai tué au jugé dans les environs de la fontaine Saint-Côme. Faut vous dire que le pauvre diable a eu la chance d'attraper ma balle juste en pleine poitrine. Quand je suis arrivé près de lui, je ne me méfiais pas. Il s'est relevé sur la main gauche, exprès pour m'envoyer un coup de pistolet. Tom s'est jeté dessus et l'a étranglé bel et bien. Moi, naturellement, je l'ai fouillé, et qu'est-ce que j'ai trouvé, à part quelques petits objets que j'ai fait passer de sa poche dans la mienne ? une lettre dont ce sournois de uhlan était porteur et qui découvrait tout le pot aux roses. Dame ! vous comprenez, capitaine, je n'ai fait ni une ni deux, j'ai averti quelques amis que j'ai, ici dans les environs, des francs-tireurs, des bons diables ; ils ont approuvé mon projet, si bien qu'en ce moment-ci, le père Legoff se trouve, sans s'en douter, former le centre d'un rassemblement de près de deux cent cinquante gaillards qui n'attendent que mon signal pour jouer du chassepot. Ils sont tous blottis dans les buissons, cachés dans les arbres, se tenant cois, — bien entendu, — mais l'œil et l'oreille au guet, et prêts à accourir sitôt qu'ils entendront le cri de la chouette.

— A la bonne heure ! fit le Parisien en se frottant les mains ; nous allons rire. V'là une bonne farce. J'en serai, est-ce pas, Loup-Garou ?

— Gourmand, va ! l'eau t'en vient déjà à la bouche. Maintenant, mon officier, si le cœur vous en dit, les violons sont accordés, et, selon toute probabilité, la valse commencera bientôt. Mes amis et moi nous serons fiers d'être commandés par vous. Qu'est-ce que vous pensez de notre projet ?

— Je pense qu'il a du bon et que, si nous réussissions à nous emparer de cette dame, cela pourrait avoir pour nous de très-grands avantages.

— C'est assez mon avis, reprit le Loup-Garou. Maît' Legoff, allez donc nous chercher les joujoux !

— A une condition, dit le marin, c'est que j'en serai, moi aussi.

— Pardieu ! Cela ne fait pas de doute. Allez toujours.

— Hé ! Maît' Legoff, dit l'hôtelière, on ne sait pas ce qui peut arriver, mon homme. J'vas te donner un coup de main. Nous cacherons où tu sais ce que nous avons de plus précieux. Il est bon d'ouvrir l'œil.

— Bien dit, la mère. Vous êtes une vraie femme de soldat, fit en riant le Loup-Garou.

— Femme de marin, dites donc, malhonnête !

Les deux époux sortirent.

— Qui nous avertira de l'approche de la dame en question ? demanda Michel.

— N'ayez peur, capitaine. J'ai chargé mon petit gars de la chose. Vous le connaissez. C'est un fin limier ; et, pour plus de sûreté, attendez...

Il se leva et ouvrit la fenêtre.

— Ici, Tom ! dit-il à son chien, qui s'était couché à ses pieds et qui se redressa subitement en fixant sur lui ses deux yeux brillants comme des escarboucles : Ecoute-moi bien. Tu vas aller rejoindre le petit gars. Tu ne bougeras pas d'auprès de lui. Aussitôt que tu sentiras les Prussiens, tu reviendras ici me prévenir tout courant. Tu m'as compris ?

Tom remua la queue.

— C'est bien, reprit le contrebandier en lui faisant une caresse. Maintenant, mon bonhomme, en route et plus vite que ça. Voilà ton chemin.

Le chien bondit à travers la fenêtre et disparut presque aussitôt.

— Là, reprit le contrebandier en refermant la fenêtre ; nous n'avons plus à nous inquiéter de rien.

— Qu'avons-nous à faire, maintenant?

— Attendre et fumer une pipe tout en causant, si vous voulez, capitaine.

En ce moment maître Legoff entra. Il tenait deux chassepots et deux cartouchières chargées de cartouches.

Ce fut avec une joie extrême et que comprendront tous les hommes qui ont servi, que les deux soldats s'emparèrent des armes qui leur étaient offertes et commencèrent à en faire jouer les batteries ; et, comme il fallait être prêt à toute éventualité, Michel et le Parisien, après avoir bouclé les cartouchières à leurs ceintures, s'attachèrent le sac sur le dos et posèrent près d'eux leurs fusils et leurs chapeaux, comme s'ils allaient se remettre en route.

— Père Legoff, dit alors le Loup-Garou, je vais vous laisser mettre ordre à vos affaires. Pendant que vous cacherez vos bibelots, j'irai flâner un peu aux environs.

— Voulez-vous que je vous accompagne? demanda Michel.

— C'est inutile, capitaine. Aidez le bonhomme à faire son déménagement, ça lui rendra service. D'ailleurs, je ne serai pas longtemps absent. Je ne veux faire qu'une simple reconnaissance.

Et, sans attendre la réponse du capitaine, il jeta son fusil sous son bras et sortit.

— En v'là une rencontre ! dit maître Legoff. Enfin tout est pour le mieux.

— Voyons ; ne lanternons pas, père Legoff, dit le Parisien. Voulez-vous que je vous donne un coup de main ?

— C'est pas de refus, répondit-il en clignant de l'œil. Figurez-vous que j'ai creusé dans ma cave une soute que le diable ne la trouverait pas. Une fois que j'y aurai caché le peu que je possède, quand même la maison brûlerait, je suis certain que tout serait en sûreté.

— Eh bien allons, reprit le Parisien, ne perdons pas de temps.

Les deux hommes sortirent en laissant le capitaine dans la salle d'entrée afin de surveiller les alentours de la maison et répondre, s'il était nécessaire, aux individus quels qu'ils fussent qui se présenteraient.

L'ancien maître canonnier du vaisseau le *Henri IV* n'avait pas menti. Seulement il avait beaucoup exagéré en se donnant comme l'auteur de la soute en question. La vérité est que la cabane dont il était devenu propriétaire avait été construite sur l'emplacement d'un couvent disparu depuis plusieurs siècles déjà. Le marin, en travaillant dans sa cave, qu'il voulait agrandir, avait, par le plus grand des hasards, découvert les restes d'un souterrain qui s'enfonçait sous terre et allait aboutir à une assez grande distance, sur les bords de la Sarre-Blanche.

Après avoir formé maints et maints détours, ce souterrain, à un certain endroit, formait une salle assez vaste, de forme presque ronde et sur laquelle s'ouvraient plusieurs galeries que le maître canonnier n'avait jamais songé à explorer.

Une forte trappe en chêne, cerclée de fer, fermait le souterrain du côté de la cave, et comme elle était placée dans un enfoncement où le jour ne pénétrait pas, elle était presque impossible à découvrir. D'ailleurs, l'eût-on découverte, qu'une herse en fer placée en bas de la pente du souterrain et dont le marin avait découvert le secret, aurait déjoué tous les efforts que l'on aurait tentés pour aller plus loin. C'était dans la salle dont nous avons parlé plus haut que maître Legoff et sa femme avaient résolu de cacher leurs maigres richesses. Depuis quelques jours déjà, on prévision des événements, ils y avaient transporté ce qu'ils avaient de plus précieux, si bien qu'il ne leur restait plus que quelques

Épisode du bombardement de Strasbourg.

voyages à faire pour que tout ce qu'ils voulaient sauver se trouvât en sûreté.

Les deux hommes se mirent activement à l'œuvre, aidés par l'hôtelière qui leur préparait les paquets.

Michel, laissé seul dans la grande salle, s'était assis près de la porte et le coude sur la table, la tête dans la main, il se laissait aller à ses pensées.

Les nouvelles fournies par le Loup-Garou, si incomplètes qu'elles fussent, avaient cependant relevé son courage, par l'espoir que lui avait donné le contrebandier de revoir sa mère et sa sœur, ces deux êtres pour lesquels il éprouvait une tendresse si profonde. Peu à peu il s'était tellement absorbé en lui-même, qu'il n'avait pour ainsi dire plus conscience de ce qui se passait autour de lui.

Tout à coup il redressa vivement la tête et prêta attentivement l'oreille. Il avait cru entendre le trot rapide d'un cheval. En effet, il ne s'était pas trompé.

Michel se leva et posa la main sur le loquet pour ouvrir la porte.

Mais, au même instant, cette porte s'ouvrit et livra passage à un individu qui entra dans la salle d'un pas délibéré.

— Hé! l'hôte! cria-t-il. Il n'y a donc personne ici?

Et il frappa du manche de son fouet sur la table.

— Que demandez-vous? dit Michel.

— Un morceau de pain, une tranche de lard, une chope de bière et un picotin pour mon cheval, répondit l'inconnu en s'asseyant sur une chaise qui se trouvait à sa portée.

— Attendez un instant, je vais prévenir l'hôte, répondit Michel en se dirigeant vers le fond de la salle.

— Bon! bon! je ne suis pas pressé, reprit l'étranger en ôtant son chapeau et s'essuyant le front avec un large mouchoir à carreaux. Ouf, il fait chaud! ajouta-t-il.

Et, sans plus de cérémonie, il tira une énorme pipe en porcelaine d'une des poches de son habit, la bourra méthodiquement, y mit le feu et commença à fumer de telle sorte que bientôt il disparut presque tout entier au milieu d'un épais nuage de fumée.

Cet étranger paraissait avoir dépassé le milieu de la vie.

C'était un gros petit homme, au ventre proéminent, à la face rougeaude, bourgeonnée, à l'air jovial et dont les yeux gris enfoncés sous l'orbite étaient continuellement en mouvement et ne fixaient jamais.

Il avait l'air d'un maquignon, était coiffé d'un chapeau de feutre à larges bords, et portait un habit de drap gris dont les basques étaient garnies d'immenses poches; sa culotte, de velours de coton brun, était attachée sous des guêtres de toile qui lui montaient jusqu'à la cuisse, et il n'avait qu'un seul éperon retenu par une courroie à son talon droit. Ses reins étaient serrés par une large ceinture en cuir et son habit ouvert laissait voir un gilet à plastron et à boutons de métal.

L'hôte, prévenu par Michel, ne tarda pas à paraître.

Du reste son déménagement était complètement opéré.

— Ah! vous voilà, père Legoff, dit l'étranger en le saluant familièrement de la main. Que diable faites-vous? Voilà plus d'un quart d'heure que je vous attends.

— Excusez-moi, maître Meyer, répondit l'hôtelier en secouant cordialement la main que l'autre lui tendait; si j'avais pu me douter que vous viendriez aujourd'hui?...

— C'est vrai; mais vous ne le saviez pas, fit l'autre avec un gros rire. Bah! le mal n'est pas grand. Servez-moi une tranche de jambon, une croûte de pain et un cruchon de bière, et donnez, s'il vous plaît, un picotin à mon cheval; la pauvre bête vient de faire une longue traite, et elle est comme son maître, elle a besoin de se restaurer.

Michel, voyant que les deux hommes se connaissaient, s'était assis à l'écart, se souciant peu de se mêler à leur conversation.

— Il y a bien longtemps qu'on vous a vu par ici, maître Meyer! reprit l'hôtelier tout en servant sa pratique.

— Ah! dame, vous savez, maître Legoff, les affaires sont les affaires. On ne va pas toujours où l'on veut, un maquignon, surtout. A propos, cela va-t-il de ce côté?

— Bien petitement, maître Meyer, bien petitement. Les temps deviennent plus durs tous les jours.

— A qui le dites-vous? Mais bast! un homme qui connaît les affaires trouve toujours moyen de se retourner. Ce qui fait le malheur des uns, fait le bonheur des autres. Ne trinquez-vous pas avec moi? Il n'y a rien qui m'ennuie comme de boire seul.

L'hôtelier remplit son verre.

— A votre santé, maître Meyer.

— Merci. A la vôtre. Il n'y a rien de nouveau dans les environs?

— C'est pas le nouveau qui manque. Il y en a trop dans ce moment-ci, au contraire.

— Que voulez-vous dire? Est-ce que ces gueux de Prussiens seraient déjà par ici?

— Oui, oui, ils y sont malheureusement. Et pas plus tard que cette nuit, on s'est battu tout à côté, tenez, à Saint-Quirin.

— Ah! diable! Qu'est-ce que vous me dites donc là? Ah çà! niais, est-ce que je me serais fourré dans un guêpier par hasard? La forêt doit être remplie de soldats, Prussiens ou autres?

— Oh! quant à cela, je ne saurais trop vous dire, maître Meyer.

— Cependant, vous avez bien dû vous apercevoir si vos environs étaient tranquilles, ou non?

— Moi? Je n'ai encore vu personne ce matin. Vous êtes le premier qui ayez franchi le seuil de ma porte.

— Bon! voilà qui me rassure. Ainsi, vous croyez que je pourrai, sans courir trop de dangers, traverser la forêt? Je voulais me rendre à Saint-Quirin, où m'appelle une affaire. Mais, puisque ces scélérats de Prussiens y sont, bonsoir. J'aime mieux passer à côté.

— Ce sera plus prudent, surtout si vous portez de l'argent sur vous.

— Hé! fit le maquignon avec un gros rire, je ne suis pas complétement sans le sou.

— Eh bien! voyez, ça vous regarde, maître Meyer. Mais, pardon, faut que j'aille donner le picotin à votre cheval.

— Oui, oui, faites.

Et il se mit à manger de fort bon appétit, laissant l'hôtelier vaquer à ses affaires.

Mais le maquignon semblait ne pas être un de ces hommes de caractère taciturne pour lesquels la solitude est presque un bonheur.

A peine avait-il avalé trois ou quatre bouchées qu'il but une large rasade, et, après avoir essuyé sa bouche avec sa manche, il leva la tête, et s'adressant à Michel :

— Hé! l'ami! lui dit-il, un mot, s'il vous plaît?

— Que désirez-vous de moi, monsieur? demanda l'officier en le regardant d'un air ennuyé.

— N'êtes-vous pas de mon avis?

— Quel est votre avis, d'abord?

— Celui-ci : c'est qu'on boit mieux quand on ne boit pas seul.

— Je ne vois pas d'inconvénient à ce que vous pensiez ainsi.

— Mais vous, quelle est votre opinion là-dessus?

— Je n'en ai pas; cela m'est fort indifférent.

— Diable! grommela le gros homme, voilà un gaillard qui me fait l'effet de ne pas être causeur. Et il ajouta à haute voix : Hé! monsieur, voulez-vous boire un verre de bière avec moi?

— Je vous remercie, monsieur. D'abord, je n'ai pas soif, ensuite je n'ai pas pour habitude de boire avec les personnes que je ne connais pas.

— Bon! qu'à cela ne tienne. Nous ferons connaissance. Allons, acceptez. Pardieu, un verre de bière, cela ne se refuse pas.

— Je vous répète, monsieur, que je ne boirai pas.

— A votre aise. Eh bien! sacrement, vous n'êtes pas poli.

— Monsieur, répondit Michel en fronçant le sourcil et en le regardant fixement, je suis beaucoup plus jeune que vous et probablement plus vigoureux que vous ne pouvez l'être. Ne m'obligez pas à vous dire que vous êtes un rustre. Mangez, buvez tant qu'il vous plaira, mais laissez-moi tranquille. Je ne suis pas d'humeur à endurer des injures.

Le gros homme pâlit; son regard lança un éclair.

Il fit un mouvement comme pour se lever mais il se contint.

Son visage reprit son expression placide; il haussa les épaules et remplit son verre en répondant avec indifférence :

— Comme il vous plaira, monsieur, je ne force personne.

En ce moment la porte s'ouvrit et le Loup-Garou entra.

L'hôtelier l'accompagnait.

— Père Legoff, dit le Loup-Garou, mettez un cruchon de bière et deux verres là-bas sur la table, près de mon camarade, nous boirons bien un coup, n'est-ce pas, Michel? dit-il en clignant de l'œil.

— Avec plaisir, répondit celui-ci.

— Paraît que la soif vous est revenue, camarade, reprit le gros homme en relevant la tête.

— Hein! fit le Loup-Garou.

— Ce n'est pas à vous, c'est à moi que monsieur parle, fit Michel en lui posant la main sur le bras. N'est-ce pas, monsieur, que c'est à moi que vous vous adressez?

— Non, monsieur, répondit le maquignon, la bouche pleine. C'est une observation que je me fais à moi-même, bien que prenant la forme interrogative.

— Oh! oh! Qu'est-ce que cela? murmura le Loup-Garou à part. Et, se tournant vers le maquignon, il ajouta : — Est-ce que vous auriez une querelle avec mon compagnon?

— Pas le moins du monde. Je lui ai offert, il n'y a qu'un instant, de trinquer avec moi. Il m'a refusé sous prétexte qu'il n'avait pas soif et maintenant il s'offre de boire avec vous. Je constate le fait. Voilà tout.

— C'est juste, il n'y a rien à dire à cela. Eh bien! moi, je ne serai pas si fier que mon camarade.

Et s'approchant, le verre à la main, de la table où le maquignon était assis :

— A votre santé, mon brave, lui dit-il, et à la mort de ces gueux de Prussiens, ces violeurs de femmes, et ces égorgeurs d'enfants.

Le maquignon se leva; mais ce mouvement fut exécuté si malheureusement qu'il trébucha contre la table et laissa échapper son verre qui se brisa.

— Allons, dit-il d'un air dépité, décidément je n'ai pas de chance aujourd'hui, le guignon me poursuit. C'est fini, je boirai seul, tant pis.

— Voilà une bien singulière maladresse! dit en ricanant le Loup-Garou. Eh bien! soit; je boirai, moi, sans choquer mon verre contre le vôtre, puisque le guignon vous poursuit. Mais cela ne nous empêchera pas de causer, hein?

— Oh! quant à cela, je ne demande pas mieux.

— Vous disiez donc?

— Moi je ne disais rien du tout.

— C'est juste, mais enfin, vous alliez dire quelque chose. Vous êtes maquignon, n'est-ce pas, c'est-à-dire pêcheur en eau trouble? Un joli métier par le temps qui court et... pardon de la question, il y a longtemps que vous le faites?

— Oui, répondit-il en souriant. Il y a quelque dix ans déjà.

— Tiens, tiens, tiens! fit le Loup-Garou en appuyant ses coudes sur la table. Vous en êtes sûr?

— Comment! si j'en suis sûr? reprit l'autre avec surprise.

— Oui, je vous demande si vous êtes sûr qu'il y a quelque dix ans que vous êtes maquignon. C'est clair, ça, je suppose.

— Oui, en effet, c'est très-clair. Mais pourquoi m'adressez-vous cette question?

— Moi?

— Oui.

— C'est pour savoir, voilà tout.

— Est-ce que cela vous intéresse?

— Peut-être. Dame! écoutez donc, à l'époque où nous vivons, il est bon de savoir à qui l'on a affaire. Et, je ne sais pas pourquoi, mais je me figure que vous n'êtes pas bien sûr de ce que vous me dites.

— Ah! par exemple, voilà qui est fort. Qui est-ce qui peut savoir ça mieux que moi?

— Moi, peut-être.

— Comment, vous?

— Oui, moi, pourquoi pas?

— Dame?

— C'est pas une réponse, ça.

— Voyez-vous, mon brave homme, tel que vous me voyez, je voyage énormément, sans en avoir l'air. Pour lors, je ne sais pas comment ça se fait, mais il me semble que je vous ai rencontré quelque part.

— Ou ailleurs, reprit le maquignon en essayant de rire, mais, en réalité, beaucoup plus inquiet qu'il ne voulait en avoir l'air.

— Ailleurs, si vous voulez, ça m'est égal. Ainsi, tenez, par exemple, de l'autre bord du Rhin ; vous connaissez l'autre bord du Rhin, pas vrai ?

— Moi, pas le moins du monde ; je suis toujours resté de ce côté-ci.

— Qu'est-ce que vous dites donc là, maître Meyer ? fit l'hôtelier en riant ; la dernière fois que vous êtes passé par ici, vous m'avez raconté que vous aviez été jusqu'à Coblentz.

— Bon ! voilà ce que je cherchais, s'écria le Loup-Garou en se frappant le front en riant. C'est à Coblentz que je vous ai vu.

— Moi ! par exemple ! Qu'est-ce que j'aurais fait là ? Ah çà ! mais on croirait, Dieu me pardonne ! que c'est un interrogatoire que vous me faites subir là, compagnon !

— Bon. Supposez que ce soit un interrogatoire. Cela vous empêcherait-il de me répondre ?

— Certainement, cela m'empêcherait !... Est-ce que j'ai besoin de vous conter mes affaires ?

— Pourquoi pas ? Vous voulez bien savoir les nôtres, vous.

— Moi ! Qu'est-ce que cela me fait, vos affaires.

— Comment avez-vous prononcé ce mot-là ?

— Vous dites.

— Le mot que vous venez de prononcer là ?

— Mais, je le prononce comme il doit l'être. Je connais ma langue, peut-être ?

— Bon ! Vous êtes Alsacien ?

— Mais certainement, je suis Alsacien.

— Eh bien ! j'en suis fâché pour vous, mais vous n'êtes pas Alsacien et vous mentez effrontément depuis le commencement de notre conversation.

— Qu'est-ce à dire, drôle ? s'écria-t-il en se levant et saisissant son fouet.

— C'est-à-dire que vous êtes pris. Allons, pas de menaces et rendez-vous.

— Me rendre ! et à qui ?

— A moi ; à nous si vous voulez.

— Ah çà ! mais pour qui me prenez-vous, maître ?

— Pour qui je vous prends ?

— Oui.

— Eh bien ! je vous prends pour ce que vous êtes, un espion.

— Moi ! un espion ?

— Parfaitement. En voulez-vous la preuve ? C'était à Luxembourg, un soir, à la suite d'une rixe, un homme fut arrêté et conduit chez le bourgmestre pour subir un interrogatoire. Le bourgmestre avait grande compagnie ce jour-là. Il donnait à dîner. Cependant il ordonna que le prisonnier fût amené devant lui. Assis à la droite du bourgmestre, il y avait un gentilhomme auquel les convives, lorsqu'ils lui adressaient la parole, donnaient le titre et le nom de comte de Brisgaw. Ce gentilhomme, c'était vous.

— Moi ?

— Oui.

— Vous êtes fou, mon cher !

— Il est vrai que vos cheveux ont changé de couleur depuis lors et que, de roux qu'ils étaient, ils sont aujourd'hui presque châtains. Mais qu'à cela ne tienne.

Et d'un geste rapide il enleva la perruque qui couvrait la tête du maquignon.

On aperçut alors une forêt de cheveux d'un roux ardent dont les longues mèches s'éparpillèrent et tombèrent jusque sur ses épaules.

Le maquignon avait complètement perdu contenance.

Son visage était d'une pâleur livide.

Il promenait autour de lui des regards égarés

et ses membres étaient agités de mouvements convulsifs.

— Grâce ! s'écria-t-il.

— Vous avouez donc ?

— J'avouerai tout ce que vous voudrez, mais laissez-moi la vie.

— Non pas ; cette vie nous appartient ; monsieur le comte de Brisgaw, si vous croyez en Dieu, recommandez-lui votre âme, car, avant une heure, vous comparaîtrez devant lui.

— Vous voulez me tuer ? Mais de quel droit ?

— Du droit qu'a tout honnête homme d'écraser la tête d'un serpent sous son talon, de tuer un chien enragé, et encore ! le serpent et le chien sont dignes de pitié, les pauvres bêtes ! car, en faisant le mal, ils n'ont pas la conscience de le faire. Ils y sont contraints malgré eux. Quant à vous, misérable espion, je vous le répète, vous serez pendu et cela d'ici à une heure.

Et, le saisissant à l'improviste, en un tour de main le contrebandier l'eut bâillonné et garrotté.

Il était vrai que le misérable était en proie à une telle épouvante, qu'il n'essaya même pas à se défendre.

— Et maintenant, compère, qu'est-ce que nous allons faire de ce gaillard-là ? demanda-t-il à l'hôtelier.

— M'est avis que nous devrions l'arrimer bien proprement dans une cabine quelconque. Quand on a jeté le harpon sur un requin de cette espèce, il est prudent de surveiller la ligne, car il pourrait la couper.

— Ça vous regarde, père Legoff. Avez-vous un endroit où nous puissions le déposer sans craindre qu'il s'échappe ?

— Oui, j'ai votre affaire, je me charge de lui. Sapristi, vous vous entendez à faire les amarrages, vous ! excusez du peu ! Vous lui avez souqué son empointure à bloc et de main de maître. Allons, laisse-moi faire.

Il se pencha à son oreille et lui dit quelques mots à voix basse auxquels celui-ci répondit par un geste d'assentiment.

Puis il saisit par les flancs l'espion comme il eût fait d'un sac de pommes de terre, le jeta sur son épaule et l'emporta tranquillement.

Au même instant, Tom fit irruption dans la salle et vint poser ses pattes de devant sur la poitrine de son maître en remuant la queue avec fureur et en poussant de petits cris qui ressemblaient à des gémissements.

— C'est toi, Tom ? lui dit son maître en le caressant. Les Prussiens arrivent, n'est-ce pas, mon vieux chien ? Eh bien ! sois tranquille : tout est prêt pour la danse ; et, comme dit maît'Legoff, maintenant que nous avons coincé leur espion, nous allons leur souquer leur amarrage à bloc. Retourne près du petit gars, mon vieux ; je n'ai plus besoin de toi.

Le chien remue une dernière fois la queue, puis il bondit sur lui-même et s'enfuit aussi rapidement qu'il était arrivé.

— Maintenant, capitaine, si vous consentez à me suivre, nous allons nous rendre auprès de nos amis, car cela ne va pas tarder à chauffer... Mais je ne vois pas le Parisien.

— Présent ! répondit celui-ci en se présentant à la porte du fond ; je mets les flingots d'accord pour la danse. Que faut-il faire ?

— Nous suivre.

— Je suis prêt.

— Alors, en route.

Et sans plus de paroles, ils quittèrent la chaumière.

III

QUEL ÉTAIT LE PLAN DU LOUP-GAROU ET COMMENT IL L'EXÉCUTA

Il était un peu plus de trois heures de l'après-midi.

L'orage de la veille avait complétement nettoyé le ciel, dont l'azur ne conservait plus une seule tache.

Le temps était magnifique.

Le soleil perçait en maints endroits les ramures touffues des arbres et éclairait de teintes chaudes les taillis de la clairière sur le bord de laquelle s'élevait la modeste auberge du père Legoff.

Les oiseaux avaient recommencé sous la feuillée leurs chants et leurs ébats joyeux.

Tout était silencieux et désert aux alentours de la cabane.

La tranquillité la plus complète régnait sur ce calme et agreste paysage.

Tout à coup, le bruit rapide d'une nombreuse troupe de cavaliers, mêlé au claquement du fouet d'un postillon, s'éleva au milieu du silence, s'accrut de seconde en seconde et bientôt une chaise de poste escortée par une vingtaine de cavaliers déboucha dans la clairière et s'arrêta devant l'auberge.

Un valet en livrée sauta à terre et ouvrit la portière.

Un homme d'une trentaine d'année, correctement vêtu de noir, grand, maigre, dont le visage était pâle, les traits ascétiques, la physionomie sombre et froide, mit pied à terre et offrit respectueusement la main à une dame pour descendre de la voiture.

Cette dame le remercia d'un mouvement de tête, pénétra dans la salle de l'auberge, et, s'adressant à maître Legoff qui se tenait respectueusement devant elle, le bonnet à la main :

— Monsieur l'hôte, lui dit-elle avec un sourire, je désire me rafraîchir et me reposer quelques instants chez vous. Quels rafraîchissements pouvez-vous m'offrir ?

— Madame accepterait-elle un verre de bière ? Je n'ai malheureusement pas autre chose à lui offrir en ce moment.

— Si vous n'avez pas autre chose que de la bière, il faudra bien que je m'en contente : seulement, faites vite, je vous prie.

Et elle s'assit près de la première table qui se trouva près d'elle.

Le personnage dont cette dame était accompagnée, était entré à sa suite dans l'auberge et s'était laissé tomber plutôt qu'il ne s'était assis, sur une chaise placée non loin de la porte.

Il avait croisé les bras sur la poitrine, et, se renversant sur le dossier de la chaise, il s'était immédiatement plongé, en apparence du moins, dans de sérieuses et profondes méditations.

Maître Legoff se hâta de servir à la dame inconnue une cruche de bière couronnée d'une mousse éblouissante de blancheur.

La voyageuse allait porter à ses lèvres le verre qu'elle venait de remplir, lorsqu'un officier prussien entra dans la salle, s'approcha d'elle et la salua respectueusement.

— Ah ! vous voilà, colonel von Stadt ? lui dit-elle avec un sourire qui découvrit des dents magnifiques. Vous êtes charmant. Je ne sais comment vous remercier. Vous me traitez avec une amabilité qui m'enchante.

— Je suis heureux, madame, que vous daigniez vous montrer satisfaite du peu que j'ai pu faire. Comptez-vous demeurer longtemps dans ce bouge où, je vous l'avoue, je suis fort surpris que vous ayez consenti à vous arrêter ?

— Pourquoi donc cela, colonel ?

— Parce que, madame, répondit-il en s'inclinant, cette misérable masure est indigne de l'honneur que vous lui faites en y entrant.

— Je vous remercie de ce compliment, colonel ; malheureusement il m'est impossible de répondre nettement à la question que vous m'avez adressée.

— Pourquoi donc cela, madame ?

— Mon Dieu, mon cher colonel, tout simplement parce que j'ignore moi-même combien de temps il me faudra rester ici. Cela dépendra, non pas de ma volonté, mais de la présence d'une personne que je dois rencontrer en cet endroit et que je suis même fort étonnée de ne pas y avoir vue encore.

— Oh ! oh ! madame la baronne, reprit-il d'une voix légèrement railleuse, c'est presque une confidence, ceci : s'agirait-il d'un rendez-vous?

— Vous êtes devin, mon cher colonel, dit-elle en riant. C'est précisément d'un rendez-vous qu'il s'agit.

— Eh mais, ceci devient tout à fait bucolique, madame la baronne. Un rendez-vous au milieu d'une forêt... dans une cabane!...

— Mon cher colonel, cette raillerie est de fort bon goût. Malheureusement, elle porte complétement à faux.

— Hum! hum! fit-il en riant.

— Vous avez tort de tousser ainsi : je vous assure que vous vous trompez du tout au tout.

— J'aurai l'honneur de vous faire observer, madame la baronne, que vous-même m'avez déclaré qu'il s'agissait d'un rendez-vous.

— En effet ; mais savez-vous avec qui?

— Oh! quant à cela, madame...

— Eh bien! je vais vous le dire.

— Oh! fit-il avec un geste de dénégation.

— Non, non. Je n'ai rien de caché, moi ; je vis au grand jour. J'ai rendez-vous ici, dans cette cabane, aujourd'hui, à trois heures et demie ; je précise, n'est-ce pas?

— Madame, de grâce!

— Je veux que la punition soit complète. Vous êtes curieux, monsieur le colonel von Stadt. Eh bien! soyez satisfait, vous saurez tout. L'homme que j'attends et avec lequel je dois, entre parenthèses, avoir une conversation fort importante, est un personnage d'apparence assez vulgaire : il flotte entre quarante-cinq et cinquante ans ; est fort laid de sa personne et maquignon de son métier. Que pensez-vous de tout cela, maintenant?

— Madame la baronne, je ne sais en vérité comment m'excuser envers vous. J'ai osé me permettre peut-être, à la légère, une plaisanterie dont vous me punissez bien cruellement.

— Allons! à tout péché miséricorde. Puisque vous vous repentez, je vous pardonne. Asseyez-vous là, en face de moi, et, si cela vous est possible, partagez avec moi l'affreux breuvage contenu dans ce cruchon. Ce sera la punition de la faute que vous avez commise.

Le colonel s'assit en souriant et vida un verre de bière en faisant une légère grimace.

— Vous êtes certaine, madame, que cet homme viendra bientôt?

— Je m'étonne qu'il ne soit pas encore ici. C'est lui qui m'a demandé cette entrevue. Je le soupçonne d'avoir à me donner des renseignements ou peut-être des nouvelles de la plus haute gravité.

— Ce que vous dites me contrarie fort, madame.

— Comment donc cela?

— Parce que j'ai l'ordre précis de me rendre à Saint-Quirin sans m'arrêter, et par le chemin le plus court.

— Eh bien! qui vous en empêche?

— Vous, madame. Ne vous trompez pas à la tranquillité factice qui règne autour de nous. Depuis près d'une semaine, cette forêt, dans laquelle se sont réfugiés, assure-t-on, plusieurs corps de francs-tireurs français, est le théâtre de combats continuels. Je tremble de vous laisser ici avec une aussi faible escorte, exposée peut-être à quelque grave danger dont mon plus vif désir serait de vous préserver.

— Auriez-vous découvert quelque indice qui vous fît supposer?...

— Rien, madame. Je suis contraint d'avouer que tout me semble parfaitement calme, et, je vous le confesse, c'est ce calme lui-même qui m'inquiète. Vous ne sauriez vous imaginer, madame, l'audace de ces francs-tireurs, cela dépasse toute croyance. Ils nous font une guerre acharnée et nous causent un mal immense. Les choses sont arrivées à ce point, en ce pays, que nous les redoutons beaucoup plus que les troupes réglées. Ils attaquent nos détachements partout où ils les rencontrent, quelle que soit la force de ces détachements,

Vous êtes un espion ! (Page 21.)

et, j'en conviens tout bas avec vous, madame, presque toujours ils ont le dessus. Notre discipline est impuissante à nous garantir contre des hommes qui nous font une guerre de haies, de broussailles, d'embuscades, et que nous n'apercevons le plus souvent que lorsqu'ils sont sur nous et qu'il est trop tard pour nous mettre en défense ou leur échapper.

— Que puis-je avoir à redouter ici, à deux lieues au plus de Saint-Quirin, et presque en vue des avant-postes de l'armée allemande ?

— C'est vrai, madame ; mais, bien que nos troupes tiennent le pays, la plus grande prudence est cependant indispensable. Vous voulez absolument demeurer ici ?

— Il le faut, mon cher colonel.

— Eh bien, soit ! je n'insisterai pas davantage, madame. Je vais vous laisser mon escorte tout entière. Je me rendrai seul à Saint-Quirin, à franc étrier. Lorsque j'aurai accompli la mission dont je suis chargé, je réunirai une centaine ou deux de cavaliers et je reviendrai vous rejoindre ici. Dieu veuille que mes prévisions me trompent, et que, pendant mon absence, si courte qu'elle aura été, il ne vous soit pas arrivé malheur !

— Je vous remercie, colonel, mais je crois que toutes ces précautions sont inutiles. Quoi que vous en disiez, ce pays semble jouir d'une tranquillité parfaite.

— Eh ! madame la baronne, je vous le répète, c'est précisément cette tranquillité dont vous me parlez qui m'inquiète. Elle ne me semble pas naturelle. Avec ces diables de francs-tireurs, on ne sait jamais à quoi s'en tenir. On les bat, on les disperse, on les croit bien loin et, tout à coup, au moment où on s'en croit débarrassé, on les a sur le dos. Mais, j'y songe, madame, ajouta-t-il en se levant, pourquoi ne vous êtes-vous pas informée auprès de l'hôtelier ? Peut-être cet homme pourrait-il vous donner quelques renseignements. Me permettez-vous de l'interroger ?

— Faites, colonel.

— Holà ! cabaretier, cria le colonel : venez ici.

L'hôtelier s'approcha.

— Que désirez-vous ? demanda-t-il.

— Madame la baronne de Steinfeld a donné rendez-vous dans cette maison à un homme, à un maquignon nommé... Comment appelez-vous ce maquignon, s'il vous plaît, madame la baronne ?

— Meyer ! C'est un homme d'une cinquantaine d'années, un peu gros, court ; il devait se trouver ici vers trois heures.

— J'ignore de qui vous voulez parler, madame. Depuis ce matin, je n'ai reçu aucune personne ressemblant à celle dont vous me faites le portrait.

— Vous voyez, colonel, il me faut attendre. Oh ! il arrivera d'un moment à l'autre.

— A bientôt, madame la baronne. Je vais faire tout préparer à Saint-Quirin pour vous recevoir d'une façon digne de vous. Vous verrez que je suis un bon fourrier, ajouta-t-il en riant.

Et cette fois, après avoir respectueusement salué madame de Steinfeld, il se dirigea résolûment vers la porte.

Cependant, au moment de franchir le seuil, il se ravisa encore.

— Je ne sais pourquoi, murmura-t-il entre ses dents, mais il me semble que ce drôle nous trompe. Holà ! Schmitt, cria-t-il.

Un sous-officier parut aussitôt.

— Je vous laisse ici avec les vingt-cinq hommes de l'escorte. Faites immédiatement entourer cette maison. Vous êtes aux ordres de madame la baronne de Steinfeld. Je vous recommande de veiller sur elle avec la plus grande sollicitude. Madame la baronne attend un maquignon qui ne peut tarder à se présenter. Lui seul aura le droit de pénétrer ici, après que vous vous serez assuré de son identité. Vous avez compris ?

— Oui, mon colonel, mais...

— Mais quoi ?

— Mon colonel, dit respectueusement le sous-officier, me permet-il de dire un mot ?

— Parlez.

— Mon colonel, depuis que vous êtes dans ce cabaret, je me tiens à la porte comme c'est mon devoir et par conséquent j'ai entendu ce que vous avez dit à cet homme, ajouta-t-il en désignant l'hôtelier.

— Eh bien ?

— Eh ! bien, mon colonel, j'ai entendu sa réponse.

— Après ?

Il est évident que cet homme vous a menti, mon colonel.

— Ah ! fit le colonel en frisant sa moustache. Comment donc cela ?

— Dame, si, comme il le prétend, personne ne s'est arrêté encore chez lui de toute la journée, mon colonel, je ne serais pas fâché de savoir ce que c'est que ce cheval qui, lorsque nous sommes arrivés, était attaché à la porte, et qu'en nous apercevant cet homme s'est dépêché de détacher et de conduire à l'écurie. Il me semble, sauf votre respect, mon colonel, ajouta le sous-officier en esquissant un craintif sourire, que ce cheval n'est pas venu tout seul à cette auberge et surtout que ce n'est pas lui qui s'est attaché au tourniquet du contrevent de la fenêtre.

— Maréchal des logis Schmitt, vous êtes rempli d'intelligence. Votre observation est essentiellement logique. Allez me chercher deux ou trois de vos cavaliers et revenez au plutôt. Quant à toi, drôle, ajouta-t-il, en se tournant vers l'hôtelier, toujours impassible et immobile au milieu de la salle, tus as entendu le rapport de cet homme ?

— Monsieur, je ne parle pas l'allemand, répondit froidement l'aubergiste.

— Il a dit que tu m'as menti.

Maître Legoff haussa les épaules sans répondre.

— Quel est ce cheval que tu as caché dans tes écuries en nous apercevant venir ?

— Je vous demande pardon, monsieur : mais, si vous parliez le français, vous ne commettriez pas la faute que vous commettez en ce moment. Je n'ai pas caché de cheval dans l'écurie, puisque les écuries sont faites pour les chevaux. Je l'y ai conduit parce que c'est sa place.

— Je crois que tu te moques de moi, drôle !

— D'abord, je ne suis pas un drôle ; je suis chez moi. Vous m'interrogez, je vous réponds sans cependant reconnaître le droit que vous vous arrogez, et je vous prie d'être poli.

— Sacrement, der teuffel ! chien de Français ! s'écria le colonel en dégaînant, veux-tu que je t'étripe ?

— Oui, oui, je sais bien, fit maître Legoff en haussant les épaules. C'est votre manière à vous autres Prussiens. La brutalité et les menaces ! Vous êtes braves quand vous vous croyez les plus forts. Eh bien ! soit ; faites ce que vous voudrez, je ne répondrai plus.

Et, tournant le dos sans plus de façon à l'officier, il alla se placer derrière son comptoir.

En ce moment le sous-officier reparut avec deux ou trois soldats.

— Emparez-vous de ce misérable ! s'écria le colonel ; sus, sus à ce chien ! frappez s'il résiste.

Les soldats mirent le sabre au poing et s'élancèrent sur l'hôtelier.

— Mille tempêtes ! s'écria celui-ci. A la bonne heure, au moins. Nous allons rire. A l'abordage ! à l'abordage !

Il porta vivement un sifflet d'argent à sa bouche et il en tira un son strident et prolongé.

Puis il se baissa, et, s'armant d'une hache pesante cachée sous le comptoir, il la brandit au-dessus de sa tête d'une si formidable façon, que les soldats s'arrêtèrent interdits et hésitants.

Tout à coup une fusillade terrible éclata au dehors, en même temps qu'une vingtaine de francs-tireurs, sortant on ne sait d'où, se précipitaient par la porte du fond et faisaient irruption dans la grande salle.

Tout cela s'accomplit en moins d'une minute.

La baronne était demeurée assise, pâle, froide comme un cadavre, à demi renversée sur sa chaise ; elle jetait autour d'elle des regards égarés et était en proie à la plus grande épouvante.

Quant au sombre personnage dont nous avons parlé plus haut, et qui jusqu'alors était demeuré étranger à tous ces événements, il s'était levé, s'était armé d'une paire de revolvers qu'il portait sous son habit et était venu froidement se placer aux côtés de la jeune femme, dans l'intention sans doute de la défendre.

Mais presque aussitôt, réfléchissant probablement que le secours qu'il porterait à sa compagne serait inefficace et qu'il courrait lui-même le risque d'être pris ou tué, il remit ses revolvers dans sa poche et profita du tumulte pour disparaître.

Le colonel von Stadt avait été enveloppé par ses hommes et entraîné au dehors, malgré ses efforts apparents et les ordres réitérés qu'il donnait pour qu'on ne songeât pas à lui et qu'on ne s'occupât que de la baronne seule.

Si la position du colonel, dans l'intérieur de la cabane, s'était trouvée pendant un instant assez critique, au dehors elle ne le fut pas moins.

A part quelques soldats demeurés en selle, tout le reste de l'escorte avait mis pied à terre, et les cavaliers, réunis par petits groupes, causaient et fumaient.

La surprise du détachement fut donc complète, et, lorsque éclata la première décharge, aucune balle ne fut perdue.

Les chevaux effarés échappèrent aux mains qui les retenaient, s'enfuyant dans toutes les directions, ce qui augmenta encore le désordre.

Le colonel von Stadt se sentit perdu.

Toute résistance était impossible.

Quelques hommes seulement lui restaient, encore ces hommes étaient-ils tellement démoralisés que, loin d'essayer de se défendre, ils se dépouillaient de leurs armes, et, se mettant à genoux, ils imploraient la pitié de leurs invisibles ennemis.

Les francs-tireurs n'étaient pas sortis de leur embuscade et tiraient à coups sûrs.

Le colonel, poussé par l'instinct de la conversation plutôt que par tout autre sentiment, saisit machinalement la bride d'un cheval qui passait affolé près de lui, d'un bond il se mit en selle, et, se courbant sur le cou de l'animal, il lui enfonça les éperons dans les flancs et partit ventre à terre dans la direction de Saint-Quirin, au milieu des huées des francs-tireurs qui apparurent alors et saluèrent son départ d'une grêle de balles.

Mais le fugitif disparut avec une telle rapidité qu'il fut impossible de savoir s'il avait été blessé.

Pendant que ces divers événements se passaient sur la route, l'intérieur du cabaret devenait le théâtre d'autres scènes non moins intéressantes.

Sur un geste de maître Legoff, les francs-tireurs qui occupaient l'auberge s'étaient approchés de la baronne, dans le but évident de la faire prisonnière.

Celui qui les commandait et portait les galons de sergent était un grand gaillard de près de six pieds, maigre comme un échalas, taillé comme à coups de hache, dont les traits heurtés et le visage en lame de couteau, à la fois caustique et burlesque, rappelaient assez bien les bonshommes casse-noisettes de Nuremberg et dont la physionomie sombre était rendue plus lugubre encore par une énorme paire de lunettes, n'était autre, le lecteur l'a sans doute deviné déjà, que notre vieille connaissance, Pétrus Weber.

Le digne sergent s'inclina courtoisement devant la baronne presque évanouie, et, se penchant en même temps à l'oreille d'un de ses compagnons :

— Bigre! murmura-t-il entre haut et bas, que voilà donc un beau brin de femme! Elle me rappelle la Marguerite de Gœthe..., après le péché, ajouta-t-il avec un sourire sardonique. Qu'est-ce que nous allons en faire?

— Cela ne nous regarde pas, répondit le caporal. Nous n'avons qu'à l'arrêter. Le reste est l'affaire du commandant.

— Oswald, mon ami, reprit Pétrus, je vous trouve un peu trop porté à arrêter les Allemandes, surtout quand elles sont jolies. Mais, assez sur ce sujet. Laissez-moi m'expliquer avec cette honorable particulière. Madame, ajouta-t-il en saluant de nouveau la baronne, à qui ai-je l'honneur de parler?

— Tu es bien bon de lui adresser la parole, reprit Oswald. Elle ne te répondra pas.

— Tu crois? Et pourquoi pas, s'il te plaît? Est-ce que je ne lui parle pas poliment?

— Oui, mais je te ferai observer, avec

ut le respect que j'ai pour tes galons, que ne connais rien aux femmes.

— Oswald! Oswald! j'ai bien peur, mon ami, que tu t'y connaisses trop, toi.

— C'est possible ; mais il ne faut pas être bien malin pour voir que celle-ci a presque perdu connaissance. D'ailleurs, elle est dans un tel état de surexcitation nerveuse que, quand même elle voudrait te répondre, elle ne le pourrait pas.

— Ceci est une raison. Alors, tu sais ce qui te reste à faire.

Oswald fit un geste affirmatif, et, aidé par deux de ses compagnons, il enleva doucement la baronne et quitta la grande salle.

— Maintenant que faisons-nous, maître Legoff? demanda Pétrus.

— Dame! après ce qui vient de se passer, la place me semble assez mauvaise. Qu'en pensez-vous ?

— Oui. Il est probable que cet enragé colonel, que nos camarades ont eu la faiblesse de laisser échapper, ne tardera pas à revenir.

— M'est avis que nous ne ferions pas mal de déguerpir au plus vite.

— Oui, oui, dit le Loup-Garou, en entrant, j'ai fait avertir nos compagnons par mon petit gars et ils sont déjà en route pour le quartier général. Qu'est devenue la femme qui était ici?

— Je l'ai arrêtée, Loup-Garou, mon ami. Elle est en sûreté. Soyez calme.

— Tant mieux ; car c'est à cause d'elle surtout que nous avons tenté ce coup de main.

— Que voulez-vous faire d'une femme ?

— Maître Pétrus, malgré tout le respect que j'ai pour votre science, permettez-moi de vous dire que vous n'êtes qu'un niais.

— Toujours charmant, ce Loup-Garou ! dit Pétrus ; un vrai fagot d'épines ! Continuez, cher ami, vous m'intéressez vivement.

— Bon! bon! moquez-vous de moi ; mais bientôt vous serez forcé de convenir que nous n'avons pas perdu notre temps en nous emparant de cette femme.

— C'est possible, après tout. Que faisons-nous? Partons-nous? Restons-nous ?

— Ne vous occupez pas de cela, maître Pétrus. Chargez-vous de votre prisonnière, et surtout ne la laissez pas s'échapper; c'est tout ce que je vous demande.

— Oh! quant à cela, vous pouvez être tranquille. Elle est en bonnes mains. Ainsi je vous laisse?

— Oui. Bientôt je vous rejoindrai.

— A votre aise !

Et, sans plus insister, le digne sergent s'éloigna en bourrant sa pipe et disparut par la même porte qui avait livré passage à ses compagnons.

Le Loup-Garou le suivit un instant du regard, puis il s'approcha du dehors et siffla d'une certaine façon.

— Que faites-vous là, lui demanda maître Legoff.

— J'appelle nos camarades. Ne savez-vous pas ce qui a été convenu ?

— Ah! si. Très-bien! répondit le marin avec un soupir.

— Ah çà! vous savez, si ça vous répugne trop.

— Non. Il le faut, répondit-il avec énergie. Notre salut à tous en dépend. D'ailleurs, ajouta-t-il en jetant un regard autour de lui, pour ce que je laisse ici, ce n'est vraiment pas la peine de tant faire de façons.

Au même instant Michel et le Parisien entrèrent.

— Eh bien! quelles nouvelles? demanda vivement le Loup-Garou.

— Rien de bien important. Les Prussiens courent comme des lièvres.

— Et nos hommes?

— Ils doivent être partis de leur côté, car je n'ai pu en découvrir un seul. Cependant j'espérais, d'après ce que vous m'avez dit...

— Patience, patience! vous les verrez

bientôt, mon capitaine, soyez tranquille, et alors vous ne regretterez pas d'avoir attendu. Je vous ménage une surprise ; mais allons au plus pressé. Avant une heure d'ici, les Prussiens reviendront en force. Vous connaissez leur habitude. Ils ont cela de charmant, c'est que leurs manœuvres étant toujours les mêmes, on sait tout de suite à quoi s'en tenir avec eux : se sauver lorsqu'ils ne se croient pas en force, puis faire un retour de façon à se trouver dix contre un ; mais, cette fois, ils en seront pour leurs frais. Ils ne trouveront plus personne. Voyons, un coup de main. Aidez-moi à barricader les portes en mettant tous les meubles les uns sur les autres.

— Que voulez-vous faire ? Songeriez-vous par hasard à vous retrancher dans cette maison ? Ce serait de la folie.

— Allez toujours, ne vous inquiétez pas.

Et, comme pour donner l'exemple, le Loup-Garou commença à fermer les portes, les volets, et les assurer en dedans ; puis il se mit à amonceler les tables, les chaises, les tabourets et à traîner le comptoir au milieu de la pièce.

Ses trois compagnons l'aidèrent si activement dans cette besogne que bientôt elle fut terminée.

— Maintenant à ceci, dit le Loup-Garou, en tirant d'une armoire un petit baril de poudre qu'il roula au milieu de la pièce.

— Avez-vous jamais vu une souricière ? dit en riant le Loup-Garou à l'officier. Eh bien, regardez celle-ci. Si elle réussit, comme je le crois, messieurs les Prussiens auront à leur retour une surprise fort agréable. Apportez-moi toutes les pierres et toutes les poutres que vous pourrez trouver.

Il plaça le baril droit, l'enfouit au milieu de pavés, de bûches artistement empilés tout autour et au-dessus de lui jusqu'à une hauteur de trois pieds environ, tout en ménageant un espace libre d'une largeur d'un pied au-dessus du baril qu'il avait défoncé.

— Quelle jolie poudre ! dit-il ; regardez-moi ça.

— Ah çà ! mais vous voulez donc faire sauter la maison ? se récria Michel.

— Parbleu ! Vous verrez ma mécanique. Je suis certain que vous m'en ferez des compliments.

Tout en parlant ainsi, il avait attaché une corde grosse comme la moitié du petit doigt après la porte, et une autre à chacune des fenêtres ; puis les trois cordes réunies en une seule, il revint près du baril.

— Maintenant, compagnons, dit-il, je crois que vous ferez bien de prendre la poudre d'escampette. Si ma machine venait à manquer, nous pourrions sauter tous les quatre, ce qui n'est pas nécessaire.

— Mais pourquoi faire sauter la maison ? demanda Michel.

— Pourquoi ? Afin que les Prussiens ne découvrent pas l'entrée du souterrain par lequel nous allons fuir, et qui les conduirait tout droit à notre quartier général. Oh ! ce sont de fameux fureteurs, allez ; on ne saurait prendre trop de précautions avec eux.

— C'est juste, cependant un tel moyen...

— Est de bonne guerre, mon capitaine. Nous ne sommes pas des soldats, nous sommes des paysans. Les Prussiens nous font subir des avanies de toutes sortes. Si nous osons résister, ils nous mettent hors la loi, nous pendent et nous fusillent sous prétexte que nous ne sommes pas des belligérants et que nous n'avons pas le droit de défendre nos foyers et de protéger nos femmes et nos enfants. Donc, à vous, messieurs les soldats, la guerre courtoise avec ces barbares ; à nous la guerre à outrance, sans pitié, sans merci.

En prononçant ces paroles, les traits du contrebandier avaient pris une expression de haine et de férocité implacables.

— Oui, murmura Michel ; les atrocités que commettent nos ennemis justifient ces représailles, et, ainsi que vous le dites, vous n'êtes pas des soldats, mais des pères de famille qu'au mépris du droit des gens et de toutes les lois de la guerre, ils traitent en esclaves révoltés. Je n'ose ni vous donner tort, ni vous donner raison. Faites donc comme vous voudrez ; Dieu vous jugera.

— Oui, capitaine, Dieu nous jugera, et, n'en doutez pas, nous serons absous par lui. Allez... laissez-moi seul.

— Christi ? murmura le Parisien, si tout le monde agissait ainsi, ça changerait bientôt. Quel rude homme ! A la bonne heure ! v'là un vrai patriote.

Les trois hommes sortirent, descendirent dans la cave, et, comme la trappe était ouverte, ils s'engagèrent dans le souterrain, et bientôt ils atteignirent la grande salle dont nous avons parlé.

C'était là que maître Legoff avait caché ses objets les plus précieux.

— V'là tout ce qui me reste ! dit le marin avec un sourire triste ; mais je ne regrette pas le sacrifice de ma pauvre masure, si le projet du Loup-Garou réussit.

— La mécanique ne manque pas de charme, dit le zouave. C'est égal, c'est un rude homme tout de même. J'suis soldat, moi, et le diable m'emporte si j'aurais le toupet de confectionner aussi tranquillement une si terrible mécanique infernale.

Michel s'était assis sur un ballot et se laissait aller à ses tristes pensées.

Une demi-heure environ s'écoula.

Puis un bruit de pas précipités se fit entendre dans le souterrain.

Presque aussitôt le Loup-Garou parut.

— Ouf ! dit-il, je viens de me payer une fameuse course. Mais tout est prêt. Les Prussiens peuvent venir quand ils le voudront. Du reste, ils ne tarderont pas, selon toute apparence.

— Comment cela ? demanda Michel.

— Oui, au moment où je finissais d'attacher la corde à la gâchette du pistolet que j'ai posé tout armé au-dessus de la poudre,

il m'a semblé entendre un galop de chevaux dans la forêt.

— Diable ! s'écria le Parisien, si ce que vous dites est vrai, camarades, il me semble que nous ne ferions peut-être pas mal de courir un peu, histoire de nous dégourdir les jambes, la place est mauvaise.

— Non, non, restons ici, au contraire. Il n'y a pas de danger. Nous sommes trop loin et trop bas pour que nous soyons atteints par l'éboulement, si fort qu'il soit.

— Vous en êtes sûr, dites donc ? C'est que ça me ferait médiocrement plaisir d'être enterré comme ça tout vif et tout grouillant.

— Allons donc, poltron, reprit en ricanant le Loup-Garou.

— Eh bien ! ma foi, oui, je vous l'avoue, j'ai peur. C'est la première fois de ma vie. C'est drôle, je n'ai jamais éprouvé ça. La respiration me manque. Mon ventre se resserre. Ah ! que c'est singulier d'avoir peur.

Au même instant une détonation sourde se fit entendre.

La terre sembla trembler ; plusieurs pierres se détachèrent de la voûte du souterrain, et l'on entendit répéter par les échos le bruit de plusieurs éboulements.

— Enfin ! s'écria le Loup-Garou, ceux-là ne nous poursuivront plus. Nous n'avons plus à redouter qu'ils nous volent ou nous assassinent.

— Pauvres gens, murmura Michel, ils n'étaient pas coupables, eux.

— Qui donc l'est alors ?

— Ceux qui les commandent et les gouvernent.

— Capitaine, je ne suis qu'un pauvre homme, moi ; mais je vous dirai nettement que, si ceux qui commandent, à quelque titre que ce soit, ne trouvaient pas des instruments dociles pour en faire leurs complices, il n'y aurait ni tyrans ni scélérats.

Michel baissa la tête sans répondre.

— Bien touché ! murmura le zouave.

— Maintenant, mes camarades, nous

n'avons plus rien à faire ici. Notre tâche est accomplie. Suivez-moi. On nous attend au quartier général.

Les quatre hommes s'engagèrent alors dans une galerie obscure.

Le contrebandier marchait le premier, tenant à la main une torche allumée.

IV

LES REPRÉSAILLES

Avant et pendant la guerre, il existait à quelques centaines de mètres du gros bourg d'Abreschwiller, un hameau presque inconnu, composé de quelques chaumières seulement et que les gens du pays désignaient sous le nom de : *les Baraques*, nom caractéristique et qui dénote parfaitement son peu d'importance.

Ce hameau, qui sans doute a disparu aujourd'hui, détruit par les torches prussiennes, comme beaucoup d'autres centres de population beaucoup plus importants de notre malheureuse Alsace, était placé sur le sommet assez élevé de l'un des contre-forts des Vosges.

Ses quelques masures dispersées çà et là sur un plateau d'une médiocre étendue, présentaient à l'œil curieux du touriste l'aspect le plus pittoresque. Il offrait en petit le spectacle à la fois le plus vrai et le plus saisissant de l'existence montagnarde prise sur le fait, existence si simple, si libre, expression la plus sincère de la vie à demi civilisée, ramenée à ses conditions les plus précaires et les plus laborieuses.

La population des Baraques ne s'élevait pas au-delà d'une cinquantaine d'individus des deux sexes, laboureurs, bûcherons, et pour la plus grande partie, flotteurs.

Chaque année, les jeunes gens les plus vigoureux et les plus hardis avaient depuis un temps immémorial contracté l'habitude de s'engager comme flotteurs à Abreschwiller.

Ce hameau inconnu apparaissait comme une oasis de travail au milieu des immenses forêts qui l'enserraient de toutes parts.

Le plateau des Baraques était cultivé avec le plus grand soin.

Chaque maisonnette avait son jardin garni d'arbres fruitiers et de plantes potagères et, y attenant, une chènevière.

Mais, dans ce coin ignoré, mentionné sur aucune carte, la guerre s'était fait, comme partout, péniblement sentir.

Les troupes prussiennes avaient visité le hameau, dévasté les chaumières, coupé les arbres fruitiers au ras du sol et enlevé les quelques bestiaux, seul bien des malheureux habitants auxquels ils n'avaient laissé en partant que la misère la plus horrible et le désespoir.

Cette exécution avait été faite lentement, méchamment, sans motif et sans autre prétexte que celui de nuire.

Depuis le commencement de la guerre, les habitants des Baraques qui ignoraient même que cette guerre existât, avaient continué paisiblement leur vie laborieuse sans rien soupçonner de ce qui se passait autour d'eux.

Aussi, leur douleur avait-elle été grande, leur consternation extrême, lorsqu'un matin, sans que rien leur eût fait soupçonner l'approche d'un danger quelconque, les Prussiens apparurent tout à coup, firent irruption dans leurs misérables cabanes comme une troupe de bêtes fauves, les dévalisèrent en les injuriant et les chassant à coup de crosse, eux, leurs femmes et leurs enfants, et se retirèrent après avoir brisé ou brûlé ce qu'ils ne pouvaient emporter et laissant derrière eux, comme une marque indélébile de leur passage, les cadavres de deux jeunes filles et d'un vieillard.

Il était huit heures du soir.

Aidé de deux de ses compagnons, il enleva doucement la baronne. (Page 29.)

Une forte brise du sud courbait les hauts sapins et faisait entre-choquer leurs branches avec de tristes et mystérieux murmures.

La lune, à chaque instant voilée par les nuages qui couraient avec une rapidité extrême dans l'espace, ne jetait que des lueurs incertaines sur le paysage.

Le hameau et les baraques étaient occupés militairement.

Les francs-tireurs d'Altenheim en avaient fait leur quartier général provisoire.

L'occupation de ce point avancé avait été exécutée avec une audace extrême par les francs-tireurs, en présence des Prussiens qui, malgré tous leurs efforts, n'avaient pu s'y opposer.

Les troupes allemandes étaient maîtresses de la vallée et du gros bourg d'Abreschwiller mais c'était tout.

Vainement elles avaient essayé, à plusieurs reprises, de déloger leurs incommodes voisins, toutes les tentatives qu'elles avaient faites étaient demeurées infructueuses.

Ces sinistres vainqueurs qui mettaient à rançon les places les plus fortes, traînaient insolemment leurs sabres dans les rues des villes les plus riches, n'avaient pu s'emparer d'un misérable plateau couronné par quelques bicoques et défendu par de simples francs-tireurs, c'est-à-dire des ouvriers, des paysans que le patriotisme avait faits soldats, et ils étaient contraints de dévorer leur honte impuissante aux pieds de ce plateau dont, malgré eux, ils devaient renoncer à s'emparer.

Tous les chemins, tous les sentiers qui conduisaient au plateau avaient été détruits ; des quartiers de roches amoncelés, et, à chaque attaque des Prussiens, ces roches roulaient sur eux, et ceux qui s'enfuyaient tout éclopés n'échappaient pas aux balles des francs-tireurs.

Ceux-ci, reliés à d'autres troupes de volontaires avec lesquelles ils communiquaient par les sentes inconnues de la montagne, formaient sur ce point l'avant-garde de cette armée de partisans qui, pendant de longs mois, devait, à défaut de l'armée si lâchement livrée à Sedan, arrêter l'ennemi et lui infliger de si rudes défaites chaque fois qu'il osait s'aventurer dans les montagnes.

La guerre de buissons était solidement organisée.

Elle commençait pour ne se terminer qu'à la suite du traité de Paris, et en nous laissant tout l'honneur de la résistance.

Maintenant, en Alsace et en Lorraine, ce n'étaient plus les soldats qui combattaient. Les troupes réglées avaient été trahies et étaient prisonnières en Allemagne.

La population avait pris leur place.

Elle s'était levée tout entière, et son héroïsme, son abnégation sublimes, devaient prouver à l'envahisseur combien il se trompait ou plutôt combien il essayait de se tromper en supposant que les Alsaciens et les Lorrains pussent un jour oublier qu'ils sont Français pour devenir Allemands.

De nombreux feux de bivouac étaient allumés sur le plateau.

Autour de ces feux se tenaient des volontaires dont les uns dormaient étendus sur la paille et roulés dans leurs couvertures; d'autres, à la lueur un peu crépusculaire des flammes, raccommodaient leurs vêtements ou nettoyaient leurs armes, quelques-uns enfin se chauffaient tout en causant et en fumant.

De nombreux factionnaires se promenaient silencieusement, le fusil sur l'épaule, interpellant les patrouilles qui faisaient des rondes presque continuelles.

En somme, on faisait bonne garde aux Baraques.

Aucune précaution militaire n'était négligée.

Dans la chambre principale d'une cabane devant laquelle se trouvait une sentinelle, plusieurs personnes de notre connaissance étaient réunies.

Cette salle, complétement dévastée, et dont les murs ruinés laissaient pénétrer par de nombreuses solutions de continuité la brise glaciale du dehors, ne possédait, pour tout ameublement, que quelques chaises, une table sur laquelle on avait jeté une couverture en guise de tapis et où étaient disposés plume, encre, papier et une carte détaillée de l'Alsace et de la Lorraine, dont les nombreuses maculatures montraient qu'elle était souvent consultée.

Nous noterons en passant que cette carte où se trouvaient indiqués jusqu'aux moindres buissons, était d'origine allemande.

Deux lanternes de forme cylindrique et ressemblant aux fanaux de marine étaient placées sur la table, et, joignant leur lumière à celle produite par la flamme du feu allumé dans la cheminée, ces lanternes répandaient une clarté suffisante pour qu'il fût possible de lire et d'écrire.

Les personnes dont nous avons parlé étaient

assises devant la cheminée, et causaient, la pipe ou la cigarette à la bouche.

La première et la plus importante de toute était Michel Hartmann près de qui se tenait son frère Lucien.

Nous mentionnerons ensuite Ludwig, le commandant des francs-tireurs, Petrus Weber, Adolphe Oswald, enfin le Parisien.

Deux portes communiquant à droite et à gauche avec des chambres intérieures étaient fermées et devant chacune de ces portes se tenait un volontaire armé de son fusil.

Le Loup-Garou entra dans la salle.

— Quelles nouvelles ? quelles nouvelles ?

— Ces nouvelles sont tristes comme toujours ; mais je ne puis les communiquer qu'au conseil.

— Soit, dit Ludwig. Sergent Pétrus, veuillez faire prévenir les membres du conseil de se rendre ici à l'instant.

Pétrus s'inclina et sortit.

— Savez-vous quelque chose du Grand-Soldat ? demanda Michel avec anxiété au Loup-Garou.

— Rien, absolument. Il m'a été impossible de m'y rendre, ainsi que je vous l'ai promis. Bientôt, vous saurez ce qui m'a empêché de le faire et, j'en suis convaincu, vous m'excuserez.

— D'ailleurs, dit Lucien, il est convenu qu'aussitôt que cela nous sera possible, nous irons à la ferme et nous ramènerons notre mère et notre sœur avec nous.

— Oui, oui, fit Michel préoccupé. Je ne sais pourquoi j'ai l'esprit aussi inquiet. Le refuge qu'elles ont choisi n'est pas sûr. Il est trop rapproché des troupes allemandes ; je crains un malheur.

— Chassez donc ces idées, capitaine. Est-ce qu'un homme comme vous doit se laisser abattre ? D'ailleurs, si je n'ai pu aller à la ferme du Grand-Soldat, j'y ai envoyé mon petit gars. Vous savez combien il est adroit et dévoué. Vos dames doivent être prévenues maintenant, ou du moins elles le seront bientôt, et, vous sachant aussi près d'elles, le courage et l'espoir leur reviendront. Ah ! si j'avais su que M. Lucien est votre frère, il y a longtemps déjà que nous aurions été chercher ces dames à la ferme.

— Et cependant, lorsque vous avez vu mon père à Strasbourg, il vous a dit que mon frère faisait partie des francs-tireurs d'Altenheim. Vous ne vous l'êtes donc pas rappelé ?

— J'ai un souvenir vague de ce que vous me dites, mon capitaine ; mais je vous avoue en toute humilité qu'à ce moment-là, j'avais l'esprit tellement bourrelé de tristesse, que si ça m'a été dit, je l'ai complètement oublié.

— Oh ! je ne vous en veux pas, mon brave camarade ; vous avez fait preuve de trop de dévouement depuis que je vous connais pour vous reprocher ce manque de mémoire. Dieu veuille seulement que nous n'arrivions pas trop tard.

— Allons donc ! encore ?

— Je vous le répète, j'ai l'esprit assailli de sombres pressentiments.

— Bon, bon, les pressentiments, c'est comme les rêves, des mensonges auxquels il ne faut pas attacher d'importance. Mais voici les membres du conseil, et nous allons avoir à nous occuper de choses fort graves.

Ainsi que nous l'avons dit plus haut, les francs-tireurs d'Altenheim avaient institué un conseil de guerre.

Ce conseil, présidé par le commandant, se composait de deux capitaines, deux lieutenants, deux sous-officiers et deux volontaires.

— Messieurs, dit le commandant Ludwig en saluant les nouveaux venus, avant que le conseil se réunisse, permettez-moi de donner la présidence à un homme beaucoup plus compétent que moi en matières militaires, et beaucoup plus capable que je ne saurais l'être d'être votre chef, en un mot, de céder ma place à M. Michel Hartmann, chef de bataillon au 3ᵉ zouaves et le fils de l'homme que tous nous aimons comme un père. Vous vous souvenez sans doute, mes amis et mes compagnons, que je n'ai consenti à être votre chef que jusqu'au moment où les circonstances permettraient à M. Michel Hartmann de prendre le commandement de notre bataillon. Ce moment est arrivé. J'accomplis donc la promesse que j'avais faite en me démettant immédiatement de tous mes pouvoirs en faveur de M. Michel Hartmann.

Les membres du conseil et les autres officiers qui étaient entrés à leur suite, ainsi que les volontaires qui remplissaient la pièce, répondirent par de joyeux cris d'assentiment.

Michel se leva alors.

— Messieurs, dit-il, je vous remercie du fond du cœur de la nouvelle preuve de dévouement que vous venez de donner, non pas à moi particulièrement, mais à ma famille. Je suis fier pour les miens et pour moi de l'amitié sincère que nous vous avons inspirée. Mais, ce commandement que vous m'offrez si généreusement, je ne saurais l'accepter, et cela pour une foule de raisons dont voici les plus sérieuses pour vous : Je suis officier de l'armée réglée, je n'entends rien à la guerre de partisans, à la lutte de broussailles. Malgré moi, je voudrais faire de la théorie militaire et j'aboutirais évidemment à des résultats désastreux. Ce qui est possible et indispensable avec des soldats est, j'en suis convaincu, impraticable et illogique avec des volontaires. Vous avez à votre tête un homme qui, mieux que personne, saura accomplir la tâche difficile qu'il s'est donnée. Cet homme a toute votre confiance ; il la mérite. Il vous a prouvé ce qu'il savait faire ; conservez-le donc pour chef, vous ne sauriez en choisir un meilleur. Je n'ai qu'un désir, c'est, pendant tout le temps qu'il me sera permis de rester avec vous, de servir dans vos rangs comme simple volontaire adjoint, car, vous le savez, je ne suis pas libre, j'appartiens à l'armée, et, d'un jour à l'autre, je serai sans doute contraint de vous quitter. Recevez donc tous mes remercîments et considérez ce que je viens de vous dire comme étant l'expression de ma volonté formelle. Je ne peux ni ne veux déposséder de son commandement le brave Ludwig dont je ne veux être qu'un des soldats.

A l'accent ferme et décidé dont ces paroles furent prononcées, les assistants comprirent que toute insistance de leur part serait non-seulement superflue, mais encore pourrait peut-être blesser un homme que tous ils aimaient. Ils se contentèrent donc de lui serrer la main et de lui exprimer le chagrin qu'ils éprouvaient de cette résolution.

Sur un geste de Ludwig, les membres du conseil prirent leur place derrière la table.

Pétrus et Lucien se levèrent et allèrent s'asseoir près de Ludwig.

Michel demeura donc seul, assis à un coin de la cheminée et le Parisien à l'autre.

Le fond de la salle était occupé par plusieurs officiers, sous-officiers et volontaires qui désiraient assister aux délibérations du conseil.

— Messieurs, dit le commandant des francs-tireurs, en promenant un regard autour de lui, la séance est ouverte. La parole est à notre camarade le Loup-Garou pour une communication importante. Chargé par nous de faire une reconnaissance près des lignes ennemies, il a désiré rendre compte devant le conseil de cette reconnaissance. Parlez, ajouta-t-il.

Le Loup-Garou s'approcha de la table, et, après avoir fait reposer la crosse de son fusil sur le sol, et appuyé les deux mains croisées sur le canon, il commença ainsi :

— Mes amis et compagnons, je n'ai que peu de choses à vous dire, mais les nouvelles que vous apprendrez vous rempliront de tristesse, de même qu'à moi, elles m'ont navré le cœur. Après la réussite de l'embuscade que nous avions tendue autour de l'auberge de maître Legoff, nous avions réussi à regagner notre quartier général, après avoir fait sauter la maison en emmenant avec nous une dizaine de uhlans prisonniers, le maquignon que vous connaissez et l'espionne qui nous avait été signalée et dont nous avons réussi à nous emparer.

— Ces prisonniers sont ici, dit Ludwig.

— Je le sais et j'en suis heureux, reprit le contrebandier, car nous allons avoir à exercer un grand acte de justice, et j'espère que cette fois, nous ne nous laisserons pas dominer par des sentiments de clémence qui ne font qu'enhardir nos ennemis et les engager à commettre des atrocités nouvelles.

En rôdant dans le camp, je m'étais aperçu que maître Legoff avait disparu. J'appris que le brave hôtelier qui n'avait pas retrouvé sa femme ici, comme il y comptait, et naturellement en proie à une vive inquiétude sur son compte, avait quitté le bivouac pour aller à sa recherche. Je demandai aussitôt à notre commandant l'autorisation de faire une reconnaissance, et, je vous l'avoue, mon but secret était, s'il en était temps encore, de venir en aide à mon ami dont je redoutais surtout l'imprudence et la témérité. Ce fut en vain que, pendant la plus grande partie de la journée, je cherchai Legoff dans tous les endroits où je pouvais supposer devoir le rencontrer ; je ne retrouvai ses traces nulle part. Je résolus donc de revenir ici, mais non cependant sans avoir fait une dernière tentative. Je voulais m'introduire dans Abreschwiller et tâcher d'obtenir là des nouvelles de celui que je cherchais depuis si longtemps. Ces nouvelles, je les ai eues presque immédiatement et cela d'une façon dont le souvenir me fait encore frissonner au moment où je vous parle. Maître Legoff, sa femme et trois de nos volontaires qui accompagnaient cette dernière avaient été surpris et faits prisonniers par une patrouille prussienne et emmenés à Abreschwiller. Au moment où j'entrais sur la place du village, je vis sortir les prisonniers de la mairie.

Le contrebandier s'arrêta et passa avec un tressaillement convulsif sa main sur son front moite de sueur.

— Eh bien? demanda le commandant, au milieu d'un profond silence.

— Eh bien! nos trois volontaires, l'aubergiste et sa femme venaient d'être condamnés comme non-belligérants et francs-tireurs à être immédiatement passés par les armes.

— Et ce jugement?... s'écria le commandant avec anxiété.

— S'exécuta immédiatement devant moi, reprit le contrebandier d'une voix étouffée. Nos trois camarades, mon pauvre ami Legoff et sa sainte et digne femme furent conduits sur la place, arrêtés devant le mur de la mairie, et, en présence de la foule atterrée et muette de désespoir, les Prussiens les fusillèrent lâchement tous les cinq.

— Oh! c'est horrible! s'écrièrent tous les assistants avec un frémissement d'indignation.

— Voilà ce que j'avais à vous révéler, mes compagnons et mes amis, reprit le contrebandier d'une voix entrecoupée.

Et après avoir salué le conseil, il se retira à l'écart.

— Vous avez entendu, messieurs, dit alors le commandant, les révélations qui vous ont été faites. Nous aussi, nous avons des prisonniers, comment devons-nous agir à leur égard?

— Mon avis est, dit Pétrus et je me permets de prendre la parole parce que je suis un des plus jeunes membres du conseil ; mon avis est que nous devons traiter ceux de nos ennemis qui tombent entre nos mains de la même façon que nous sommes traités par eux.

— Messieurs, dit en se levant le capitaine Pipermann, j'appuie les paroles qui viennent d'être prononcées par notre camarade et ami Pétrus. Les Prussiens ont déclaré qu'ils feraient une guerre à outrance aux francs-tireurs, qu'ils ne les reconnaîtraient pas comme belligérants ; que tous ceux qui tomberaient entre leurs mains seraient immédiatement fusillés sans autre forme de procès. Les Allemands nous font une guerre sauvage. Ils méconnaissent de parti pris tous les droits de la guerre. Ils vont plus loin ; ils oublient le droit des gens, puisqu'ils fusillent jusqu'aux femmes. Je demande que nous leur infligions la loi du talion : œil pour œil, dent pour dent.

— C'est cela, répondit Pétrus ; on ne caresse pas les tigres, on les tue impitoyablement partout où on les rencontre. Je ne suis pas un soldat, moi ; je ne suis pas un homme de sang, ajouta le sombre étudiant du ton d'un chat qui se pourlèche ; mais, à mon sens, il y a certaines atrocités qui demandent, qui exigent même une justice implacable. Puisque les Prussiens nous assassinent sans jugement et qu'ils nous donnent ainsi l'exemple de la cruauté, eh bien ! que le sang versé retombe sur leurs têtes. La guerre que nous faisons est juste. Si des hommes ont droit de se défendre, ce sont les gens paisibles que l'on ruine, dont on incendie les propriétés, cette population enfin, ces enfants du sol à qui Dieu a donné ce droit imprescriptible de résister aux envahisseurs de leur pays. Déclarons donc que, pour chacun de nous fait prisonnier par l'ennemi et fusillé, nous fusillerons impitoyablement dix prisonniers allemands qui tomberont entre nos mains.

— Messieurs, dit Ludwig, vous venez d'entendre les paroles prononcées par deux de vos collègues. Croyez-vous, dans votre âme et conscience, que nous devons nous montrer impitoyables et répondre au sang versé par du sang versé en plus grande quantité encore ?

— Oui, répondit aussitôt Lucien ; oui, parce que ce sang était innocent.

— J'attends la décision du conseil.

Les officiers parlèrent entre eux à voix basse pendant quelques instants, puis le silence se rétablit.

— Messieurs, dit le commandant, voici la résolution qui vient d'être prise : Pour chaque franc-tireur fusillé par l'ennemi, dix soldats ennemis seront mis à mort. Qu'on introduise les prisonniers.

Un silence terrible planait dans cette salle. Tous les assistants approuvaient la décision prise ; mais les circonstances étaient tellement graves, la situation tellement critique, et chacun comprenait si bien la responsabilité qui lui incombait, que personne n'éleva la voix pour affirmer son assentiment.

Une dizaine de volontaires conduits par un sergent sortirent alors des rangs pressés de la foule, se dirigèrent vers une des portes dont nous avons parlé plus haut, l'ouvrirent et amenèrent en présence du conseil quinze individus dont quatorze portaient l'uniforme des uhlans.

Le quinzième n'était autre que le maquignon.

Les prisonniers furent rangés sur une seule ligne, devant la table.

Les volontaires se placèrent derrière eux, le sabre au bout du fusil.

— Messieurs, leur dit Ludwig en allemand, vos chefs fusillent sans pitié ceux des nôtres qui tombent entre leurs mains. Ils ont passé par les armes, il y a deux heures, trois de nos compagnons, et de plus un aubergiste et une femme âgée dont ils se sont emparés. Nous avons décidé que nous userions de représailles, que, pour chaque Français fusillé par vous, dix Allemands subiraient le même sort. Préparez-vous à mourir. Le peloton d'exécution vous attend. Cependant, comme nous voulons que l'ennemi sache bien que nous sommes déterminés à nous montrer impitoyables, un de vous sera libre et ira porter aux autorités prussiennes les plus rapprochées le texte de la résolution prise par nous. Vos noms, écrits sur des morceaux de papier, seront jetés dans un chapeau ; celui de vous dont le nom sortira, servira de messager. Vous avez entendu ; secrétaire, prenez les noms de ces hommes.

Pétrus, qui remplissait cette mission délicate et qui déjà avait préparé le papier nécessaire, se leva aussitôt en faisant signe à Lucien de l'imiter.

Les prisonniers étaient atterrés ; les bras pendants, la tête penchée sur la poitrine, ils demeuraient inertes, comme si déjà ils avaient été frappés de la mort.

Cependant, comme l'instinct de la conservation est le dernier sentiment qui survit au cœur de l'homme, lorsque tout autre espoir lui est enlevé, les prisonniers ne se firent que très-peu prier pour donner leurs noms au secrétaire.

Celui-ci les inscrivait aussitôt sur un carré de papier qu'il passait à Lucien, qui pliait le papier et le mettait dans son chapeau.

Comme un homme qui se noie et, dans les convulsions de l'agonie, s'accroche avec toute l'énergie du désespoir à la touffe d'herbe que le hasard place sous ses mains, chacun des uhlans caressait mentalement l'espérance que son nom serait celui qui sortirait.

Lorsque Pétrus arriva devant le maquignon, il s'arrêta, le regarda un instant, et se tournant vers le président du conseil de guerre :

— Commandant, lui dit-il, je vous ferai observer que ce dernier individu n'est pas un uhlan. Il a été arrêté par le Loup-Garou, véhémentement soupçonné d'espionnage.

— C'est vrai, répondit Ludwig, la situation est particulière, il ne doit pas être confondu avec les autres prisonniers. Qu'on le réintègre provisoirement dans la prison où il était détenu. Il n'est porteur d'aucune arme, et l'accusation faite contre lui doit être bien établie et surtout bien prouvée.

Ulrich Meyer ignorait que les francs-tireurs s'étaient emparés de Mme la baronne de Steinfeld.

Ce fut donc avec une joie qu'il ne se donnait même pas la peine de cacher, qu'il se laissa reconduire dans la chambre dont on l'avait fait sortir.

Les uhlans éprouvèrent eux aussi un soulagement en le voyant s'éloigner ; c'était une chance de plus qui leur était donnée.

Lorsque tous les noms eurent été placés dans le chapeau, Lucien les agita un instant, puis il présenta le chapeau à Adolphe Oswald, le plus jeune des membres du conseil.

Celui-ci en retira un des papiers que, sans le déplier, il remit au commandant.

— Chimmelmann ! lut le commandant.

— C'est moi ! dit en avançant vivement un des uhlans dont le visage rayonna.

— Secrétaire, dit le commandant, veuillez rédiger immédiatement la décision du conseil. Cette décision sera signée par nous tous et portée par cet homme, aussitôt après l'exécution de ses compagnons. Capitaine Pipermann, donnez l'ordre que tous les volontaires prennent les armes. Gardes, veillez sur les prisonniers ; ils ont un quart d'heure pour faire leur paix avec le ciel. Allez !

Les prisonniers furent emmenés et conduits dans une autre cabane.

Seul, celui que le sort avait favorisé demeura dans la salle du conseil, sous la garde spéciale de deux volontaires.

Lorsque Pétrus eut écrit la lettre adressée aux autorités prussiennes, il en donna lecture aux membres du conseil qui l'approuvèrent, puis chacun y apposa sa signature.

La lettre fut pliée, cachetée et remise au uhlan.

Michel Hartmann et le Parisien étaient demeurés indifférents en apparence à ce qui se passait dans le conseil.

En effet, ils étaient de fait et devaient rester étrangers aux décisions qui avaient été prises et que, par conséquent, ils n'avaient ni à approuver ni à désapprouver.

— Messieurs, dit le commandant, nous avons encore deux prisonniers à juger ; mais je crois que l'humanité nous ordonne de ne pas prolonger plus longtemps l'agonie des malheureux que nous avons condamnés. Si vous partagez cet avis, nous suspendrons la séance qui sera reprise aussitôt après l'exécution des prisonniers.

Les officiers firent un geste d'assentiment et se levèrent.

Ainsi que l'ordre en avait été donné, les volontaires avaient pris les armes et s'étaient rangés en demi-cercle devant la cabane où le conseil était réuni.

De nombreuses torches avaient été allumées, de sorte que d'immenses lueurs blafardes éclairaient le paysage et lui donnaient une apparence fantastique qui avait quelque chose de grandiose et de saisissant.

Un peloton d'exécution se tenait immobile près de la cabane.

Le commandant tira son épée et l'éleva au-dessus de sa tête.

Au même instant, les clairons sonnèrent et les prisonniers furent amenés.

Rien dans leur aspect et dans leur démarche ne rappelait la bravoure et l'enthousiasme de gens qui vont mourir pour une bonne cause.

Chez eux l'affaissement moral était complet ; ils marchaient, non comme des soldats, mais comme des veaux que l'on mène à l'abattoir.

Sur l'ordre qui leur fut donné, ils se placèrent sur une seule ligne, la tête basse, le front livide et les yeux sans regards.

Ils écoutèrent froidement la lecture de leur jugement, puis ils se jetèrent dans les bras les uns des autres et, pendant deux ou trois minutes, ils demeurèrent étroitement embrassés.

Nous n'exagérons rien en affirmant que les francs-tireurs étaient plus émus par cette scène sinistre que les hommes que leur devoir les avait contraints à condamner.

Sur un geste du capitaine Pipermann, le peloton d'exécution s'avança.

Les condamnés se rangèrent alors sur une seule ligne, placèrent leurs mains derrière le dos.

Le commandant leva son épée.

Une décharge éclata ; les treize malheureux prisonniers tombèrent foudroyés.

— Justice est faite ! dit alors le commandant, que ces hommes soient immédiatement inhumés. Quant à vous, ajouta-t-il en se tournant vers le soldat, qui avait assisté plus mort que vif à l'exécution de ses camarades, vous êtes libre ; on va vous bander les yeux et vous conduire aux avant-postes. N'oubliez pas de vous acquitter de la mission dont vous êtes chargé et, surtout, souvenez-vous que vous n'avez échappé à la mort que par un miracle. Tâchez de ne plus retomber entre nos mains. Capitaine adjudant-major, faites conduire cet homme aux avant-postes, et nous, messieurs, rentrons dans la salle du conseil ; il est temps de reprendre notre séance. Tout n'est pas fini. Nous avons encore deux espions à juger.

Le commandant et ses officiers se dirigèrent vers la cabane, tandis que le uhlan, les yeux bandés, était emmené par une patrouille de volontaires.

V

LES ESPIONS

Lorsque les membres du conseil furent réunis de nouveau, il y eut un instant de silence.

Tous ces hommes de cœur, chez lesquels le sentiment du devoir était inné, avaient éprouvé une douleur inexprimable lorsqu'il leur avait fallu assister à cette exécution que les circonstances exigeaient si impérieusement.

La barbarie et la cruauté dont les Prussiens faisaient preuve à leur égard, barbarie que rien ne justifiait, leur commandait des représailles qui cependant répugnaient à leur humanité.

Meyer devant le conseil de guerre des francs-tireurs. (Page 43.)

Les journaux allemands, à plusieurs reprises, se sont élevés contre ces représailles ; ils ont cherché à obscurcir la question et à établir en principe qu'ils n'usaient que d'un droit légitime en fusillant les francs-tireurs et les partisans.

Raisonnons un peu :

Il nous sera facile de prouver en deux mots que ces francs-tireurs et ces partisans contre lesquels les Prussiens se sont élevés avec tant de force, en prétendant que, n'étant pas soldats, ils n'avaient pas le droit de combattre des troupes réglées ; il sera facile de leur prouver, disons-nous, et cela sans remonter bien loin, que ce sont eux qui, les premiers, ont proclamé le droit qu'ont les bourgeois, les artisans, les ouvriers et les paysans, de prendre les armes lorsque la patrie est envahie ; et que même ils ont été plus loin, puisqu'ils ont érigé en principe que l'assassinat du chef des envahisseurs, — ce chef fût-il roi ou empereur, — était un acte de patriotisme et devait être considéré comme une belle action.

Les Allemands ont été plus loin encore, puisqu'ils ont poussé jusqu'à l'exécution ces principes qu'ils n'avaient pas craint de proclamer si hautement.

A l'époque où la France, maîtresse de l'Europe et pouvant anéantir la Prusse, dédaigna de le faire, ce qui fut une faute qu'elle paye aujourd'hui bien cher ; l'Allemagne se couvrit de sociétés secrètes dont la principale était la Tugenbuld ou Union de vertu.

Ce fut de cette société que sortit un étudiant âgé de vingt ans à peine, nommé Frédéric Staps, que le sort avait désigné pour assassiner l'empereur Napoléon 1er et qui essaya à Schœnbrunn, au milieu des troupes dont l'empereur passait la revue, de lui planter un poignard dans le cœur.

Ce Frédéric Staps fut condamné à mort et fusillé ; mais, avant de mourir, il avoua que tous les membres de l'Union de vertu étaient prêts à tenter le crime, qui, à lui, lui avait si mal réussi.

Venons maintenant aux partisans.

Le nombre en fut considérable en Prusse pendant tout le temps de la guerre. Leur chef principal, le major Schill, osa lever l'étendard de la révolte à Berlin même, la capitale de la Prusse.

Les Français ne fusillèrent jamais ces partisans ; on n'a qu'à relire les journaux de l'époque pour s'en assurer.

On y verra aussi les déclamations de tous les docteurs en us de l'Allemagne, qui s'évertuent à prouver, — ce qui est vrai, en somme, — que les habitants du sol ont le droit de résister par tous les moyens aux envahisseurs de leur pays et qu'en le faisant, ils font acte de patriotisme.

Nous terminerons cette longue digression en mettant sous les yeux du lecteur le document suivant, qui montrera ce que c'est que la logique prussienne, document que nous avons donné déjà en partie et qu'il est bon de rappeler.

« Partout où ils passent, les Allemands affi-
« chent des proclamations menaçant de mort
« tous ceux qui seraient rencontrés porteurs
« d'une arme ; menaçant d'internement à
« Rastad ceux qui quitteraient leurs maisons
« et seraient arrêtés. Tous les citoyens, dit
« un de ces avis, doivent rester chez eux ;
« avertissement singulier ; on entre en en-
« nemi dans un pays ; on déclare platonique-
« ment que l'on ne fait pas la guerre aux
« paysans ; puis on brûle les villages, on
« fusille les paysans qui se sauvent ! on
« emmène en otage les notables ; on s'apprête
« à donner à la guerre un caractère de bar-
« barie digne du moyen âge ; on allume
« Bazeilles, on bombarde Châteaudun, ville
« ouverte ; on mettra l'incendie en perma-
« nence dans les forteresses et on respectera
« les murs des bastions. On blessera et on
« tuera à Strasbourg *trois mille vieillards,*
« *femmes et enfants,* et en même temps, ô
« triomphe de la logique ! à ces populations
« civiles sur lesquelles on se rue, on défend
« de prendre les armes pour protéger leurs
« foyers ! On les menace de traiter d'assas-
« sins les bourgeois qui se lèveront pour
« repousser l'envahisseur ! On annonce qu'on
« fera pendre haut et court les francs-tireurs ;
« et bien mieux encore ! au moment où, sur
« la rive gauche du Rhin, les généraux alle-
« mands publient de pareilles proclamations,
« le général Vogel von Falkenstein, gouver-
« neur des côtes de la Baltique, fait savoir
« aux habitants de ces contrées que les Fran-
« çais vont arriver ; que tout le monde doit
« leur courir sus et il promet à ces rudes po-
« pulations de pêcheurs et de matelots que
« chaque Français qui débarquera sera leur
« proie. (*Ist euch verfallen.*)

« Ce que Vogel von Falkenstein représente
« aux Allemands comme l'accomplissement
« d'un devoir sacré, les généraux qui enva-
« hissent la France le punissent comme un
« crime odieux. L'Allemand, aux yeux des
« Allemands, mérite la palme du héros quand

il prend le fusil pour chasser l'étranger ; le Français qui prend le fusil n'est plus, aux yeux de ces mêmes Allemands, qu'un assassin dont on saccage la maison et qu'on pend au premier arbre de la route. »

Les lignes qui précèdent et que nous avons guillemettées ont été textuellement copiées dans le bel ouvrage de M. A. Schnéegans, intitulé : *la Guerre en Alsace*.

Ces lignes, les Allemands pris littéralement à main dans le sac de l'impudence jésuitique, n'ont pas osé les réfuter. Mieux que personne, ils savent combien elles sont exactes.

Lorsque le conseil fut rentré en séance, le président donna l'ordre que le prisonnier soupçonné d'espionnage fût ramené dans la salle.

Michel et le Parisien n'avaient pas quitté leur place.

Un sous-officier de francs-tireurs, suivi de quelques volontaires, introduisit presque aussitôt l'accusé.

Celui-ci entra d'un pas délibéré dans la salle, salua les juges tout en souriant de cet air bonhomme qui lui était particulier, puis il s'assit sur un tabouret préparé pour lui et, croisant une jambe sur l'autre, il attendit en jouant négligemment avec la chaîne de sa montre, qu'il plût au président de lui adresser la parole.

Le commandant consulta quelques papiers placés devant lui, puis il releva la tête, regarda fixement le maquignon, comme pour se rendre compte du caractère de l'homme auquel il allait avoir à faire et, ce court examen terminé, il lui dit :

— Comment vous nommez-vous?
— Ulrich Meyer.
— Où êtes-vous né?
— A Rosheim, près de Strasbourg.
— Ainsi, vous êtes Alsacien?
— Oui, monsieur le président, de père en fils. Les Meyer sont bien connus par chez nous.

— Quel âge avez-vous?
— Quarante-sept ans et trois mois.
— Quel est votre état?
— Dans ma famille, nous sommes maquignons de père en fils. Je vends et j'achète des chevaux, comme avant moi, mon père et mon grand-père en avaient acheté et vendu.
— Quelle est votre résidence habituelle?
— Strasbourg; mais, j'y demeure très-peu. Mes occupations m'obligent à être toujours par voies et par chemins. C'est principalement dans les foires et les fêtes de village que je fais mes affaires.
— Vos papiers?
— Ils m'ont été pris lorsque j'ai été fait prisonnier, dans l'auberge du père Legoff. Tenez, je les vois là sur la table, ajouta-t-il en désignant du doigt un portefeuille graisseux qui se trouvait près du commandant.
— Ce portefeuille ne contient que des papiers sans importance et qui ne peuvent en aucune façon établir votre identité. En avez-vous d'autres?
— Non, monsieur le président.
— Vous en êtes bien sûr?
— Je l'affirme.
— C'est bien. Nous reviendrons plus tard sur cette question. Vous prétendez donc être maquignon depuis longtemps?
— Depuis vingt ans au moins, monsieur le président.
— Votre commerce s'étendait-il hors de l'Alsace et de la Lorraine?
— Non, monsieur le président.
— A quel race appartenaient les chevaux que vous vendiez généralement?
— Je n'ai jamais vendu que des chevaux de race française; je pourrai prouver, par l'entremise de M. Jeyer, un des principaux banquiers de Strasbourg, que, quelque temps avant la guerre, j'ai traité avec le gouvernement pour la remonte de trois régiments de cavalerie.
— Vous savez que le témoignage de M. Jeyer ne peut être invoqué. Il se trouve

en ce moment à Strasbourg que les Prussiens assiégent.

— C'est malheureusement vrai, monsieur le président; mais je suis un honnête homme.

— Vous n'avez jamais fait de voyage à l'étranger?

— Oh! bien rarement, monsieur le président. Quelquefois, pour mes affaires.

— Dans ces derniers temps, avez-vous passé la frontière?

— Non, monsieur le président.

— D'où veniez-vous quand vous êtes arrivé à l'auberge de celui que vous appelez le père Legoff?

— Je venais de Lorquin.

— Où alliez-vous?

— J'avais l'intention de me rendre à Saint-Quirin; mais, en apprenant que les Prussiens s'en étaient emparés, j'avais résolu de rebrousser chemin ou, tout au moins, de passer assez loin de la ville pour ne pas être inquiété par l'ennemi.

— Pourquoi vous êtes-vous arrêté à l'auberge de maître Legoff?

— Pour faire reposer mon cheval, lui faire donner l'avoine et manger moi-même un morceau.

— Pas pour autre chose?

— Non, monsieur le président.

— Vous êtes bien certain que ce motif était le seul; que, par exemple, vous n'aviez pas à causer avec quelqu'un?

— Moi, monsieur le président? fit-il d'un air ébahi. Et avec qui voulez-vous que j'aie à causer dans l'auberge de maître Legoff où il n'y a jamais un chat?

— Vous l'affirmez?

— Certainement, monsieur le président.

— C'est bien.

Le président fit un signe presque imperceptible.

Aussitôt une porte s'ouvrit et Mme de Steinfeld parut.

— Ciel! la baronne! s'écria le maquignon au comble de la surprise.

— Vous dites? demanda le président.

— Moi? Rien, monsieur.

— Pardon. En apercevant madame, vous vous êtes écrié: « Ciel! la baronne! » ce qui prouve tout au moins que madame ne vous est pas inconnue.

Il fit un signe.

La porte se referma et Mme de Steinfeld disparut.

— Permettez-moi, monsieur le président, une observation. En supposant que je connaisse cette dame, en quoi ceci peut-il être noté contre moi?

— Répondez d'abord à ceci: Connaissez-vous, oui ou non, cette dame?

— Moi? je ne vais pas par quatre chemins; je me sens fort de mon innocence, et je ne crains pas que ma conduite soit incriminée par quoi que ce soit. Oui, en effet, j'ai l'honneur de connaître Mme la baronne de Steinfeld, depuis longtemps déjà. Mme la baronne de Steinfeld est fort riche; elle aime les beaux chevaux; c'est moi qui lui ai fourni les quatre attelages dont elle avait besoin, lorsqu'il y a six mois elle a monté sa maison à Strasbourg.

— Tout cela est fort plausible. Malheureusement, lorsque Mme de Steinfeld a été arrêtée dans l'auberge où vous-même l'aviez précédée, elle a prétendu être venue à cette auberge par suite d'un rendez-vous que vous lui aviez donné; rendez-vous, paraît-il, fort important. Je vous ferai observer que ces paroles ont été dites par Mme la baronne de Steinfeld à M. le colonel von Stadt, chef de son escorte, qui s'étonnait avec raison qu'une aussi grande dame, au lieu, ce qui était tout naturel, de continuer sa route jusqu'à Saint-Quirin, s'obstinât à s'arrêter dans une misérable auberge.

— Je ne puis être, monsieur le président, responsable des paroles prononcées par Mme la baronne de Steinfeld. Je me rends très-souvent à Saint-Quirin; chaque fois que je passe sur cette route, j'ai l'habitude de n'arrêter chez le père Legoff; il est possible que Mme la baronne de Steinfeld ayant quelque commande à me faire, ait demandé à mon sujet des renseignements à son intendant, et que cet intendant, avec lequel je suis lié depuis très-longtemps, l'ait informée que, probablement, elle me rencontrerait dans cette auberge et qu'alors, tout naturellement, Mme la baronne de Steinfeld s'y soit arrêtée.

— Ceci est spécieux. Je suis forcé de vous avertir que vous vous engagez dans une mauvaise voie ; nous sommes un conseil de guerre et non une cour d'assises. Nous n'essayons pas de vous trouver coupable ; notre plus grand désir, au contraire, est de vous voir établir votre innocence.

— Mais, monsieur le président, permettez-moi ; il me semble que jusqu'à présent mes réponses...

— Ont été très-habiles, j'en conviens ; mais jusqu'à présent il n'y a pas un mot de vrai dans tout ce que vous nous avez dit.

— Oh! monsieur le président...

— Écoutez-moi ; vous ne vous nommez pas Ulrich Meyer, vous n'êtes pas né à Rosheim près Strasbourg, vous n'avez pas quarante-sept ans et trois mois ; vous n'êtes pas maquignon. Maintenant, voulez-vous que je vous dise qui vous êtes? Toutes les preuves sont entre mes mains.

— Monsieur le président...

— Silence. Vous êtes le comte Ulric de Brisgaw, vous êtes né à Coblentz, vous avez cinquante-deux ans, et vous faites le métier d'espion prussien au bénéfice de M. le comte de Bismarck, votre intime ami.

— Monsieur, une telle calomnie...

— Ce n'est pas une calomnie, il n'y a pas ici de calomniateur.

— Cependant il me semble...

— Les preuves de ce que j'avance, vous-même vous allez me les fournir. Loup-Garou, allez.

Le contrebandier émergea alors de la foule au milieu de laquelle il était resté confondu jusqu'alors ; il s'approcha du maquignon derrière lequel s'étaient silencieusement placés deux volontaires, et, après lui avoir fait un grand salut :

— Monsieur le comte, voulez-vous me permettre de vous défaire vos guêtres ?

— Me défaire mes guêtres ? demanda le maquignon en devenant blême, et pourquoi cela ?

— Pour que vous soyez plus à l'aise, répondit le contrebandier en ricanant. Laissez, laissez ; ce sera fait dans un instant.

Le maquignon fit un geste terrible : mais ce geste fut aussitôt réprimé par les deux francs-tireurs qui saisirent chacun un de ses bras et le contraignirent à demeurer immobile sur le tabouret.

Le contrebandier, sans autrement s'émouvoir des regards furibonds du maquignon, se mit en devoir de lui ôter ses guêtres dont en effet il le débarrassa au bout d'un instant.

Ces guêtres, ainsi que nous l'avons dit, étaient en cuir et montaient au-dessus du genou.

Le contrebandier ouvrit son couteau, et, sans plus de cérémonie, il décousit les guêtres à la place du mollet.

Par chaque ouverture béante, il fit sortir une liasse de papiers excessivement fins qu'il déposa sur la table en disant d'une voix railleuse :

— Voilà la chose. Mais ce n'est pas tout, ajouta-t-il, M. le comte de Brisgaw n'est pas homme à mettre tous ses œufs dans le même panier. Il lui reste encore trois cachettes que nous allons, j'en suis sûr, explorer avec le même succès. Le fouet d'abord, dit-il en prenant le fouet du maquignon, déposé sur la table.

Il l'examina un instant, puis il fit jouer un ressort presque invisible et enleva la poignée du fouet.

L'intérieur était creux.

Il frappa le manche sur la table et un rouleau de papier apparut.

— Voilà! continua le contrebandier. Maintenant, passons à la chaussure. Oh! messieurs, vous ne pouvez vous imaginer combien les espions de Sa Majesté le roi de Prusse savent bien leur métier. Ce sont en général de nobles gentilshommes fort intelligents, choisis avec soin; mais, grâce à Dieu, nous sommes au courant de leurs roueries, quoiqu'elles dépassent tout ce qu'on saurait imaginer; car, en fait de coquinerie, à eux le coq.

Tout en parlant ainsi, le contrebandier avait irrévérencieusement enlevé les forts souliers dont le malheureux maquignon était chaussé.

Quant à celui-ci, de blême il était devenu vert.

Ses yeux roulaient dans leurs orbites d'une manière effrayante.

Il se sentait perdu, il n'avait même plus conscience de ce qui se passait.

Le contrebandier enleva tout le dessus du soulier qu'il métamorphosa ainsi en sandales; déchira une légère peau placée sur la semelle, fit jouer un ressort, et, dans chaque semelle, il montra aux regards étonnés du conseil une petite cachette fort habilement dissimulée et renfermant des papiers.

— Venons maintenant à la dernière cachette. Baissez la tête, s'il vous plaît, monsieur le comte.

Le maquignon laissa machinalement tomber sa tête sur sa poitrine.

En un tour de main le contrebandier eut décousu le collet de sa veste.

Ce collet était naturellement bourré de papiers qui furent, comme les autres, remis au président.

— Quant à la perruque fort bien posée qui dissimule la couleur des cheveux de M. le comte, il est inutile, n'est-ce pas, de la lui enlever de nouveau; je l'ai déjà fait dans l'auberge.

— Parfaitement inutile, dit le président. Et maintenant, accusé, qu'avez-vous à répondre?

— Rien, messieurs, s'écria le comte en se laissant tomber à genoux et joignant les mains avec désespoir : je suis un misérable, indigne de pitié, il ne me reste plus qu'à implorer ma grâce. Oh! je vous en supplie, ne me tuez pas; je suis père de famille; la misère seule a pu me faire consentir à jouer un rôle aussi odieux. J'avoue tout ce que vous voudrez; mais grâce, je vous en supplie, grâce au moins pour la vie!

Les officiers échangèrent entre eux un regard de dégoût.

Pétrus se leva.

— C'est trop de cynisme! dit-il. Ce misérable qui se voit maintenant confondu, n'a même pas le courage vulgaire de l'assassin ou du voleur qui sait que, dans son odieux métier, il joue sa tête et qui, lorsqu'il a perdu la partie, se résigne froidement à la mort. Cet espion a la lâcheté des empoisonneurs. Il est père de famille, dit-il. C'est la misère qui l'a poussé à cet infâme métier! Et nous! n'avons-nous pas de famille aussi? Nos pères, nos mères, les enfants de ceux d'entre nous qui sont mariés, a-t-il hésité à les sacrifier? C'est le prix de leur sang que lui paye le ministre, bourreau au service duquel il a eu l'infamie de se mettre. Eh quoi! cet homme qui depuis vingt ans vit en France, — cela est prouvé, — qui a reçu dans notre pays l'hospitalité la plus large et la plus fraternelle, qui s'est engraissé de nos sueurs, qui a fait sa fortune à nos dépens; ce monstre à face humaine, accueilli comme un ami dans toutes les familles, a surpris les secrets les plus intimes, les confidences du foyer, et, pendant vingt ans, il a vendu froidement, lâchement, à un misérable encore plus ignoble et plus méprisable que lui, ces secrets qu'il avait volés et dont aujourd'hui un ministre parjure et un Méphistophélès couronné se font des armes pour égorger nos familles et démembrer notre patrie!... Messieurs, il est un crime plus honteux, plus ignoble que tous les autres; ce crime, c'est l'espionnage, élevé à la hauteur d'une institution par le gouvernement prussien ; cet espionnage qui ne respecte rien, ni l'enfant, ni la femme, ni l'homme fait, ni le vieillard. Pas de pitié pour l'espion ; traitez-le comme un chien enragé ; ne le fusillez pas, cette mort est honorable, c'est celle des soldats. Pendez-le à un gibet aussi haut que celui d'Aman, et que ses complices qui nous épient là, en bas dans la vallée, écument de rage en l'apercevant et sachent comment nous punissons les traîtres et les espions. J'ai dit.

Ces paroles, prononcées avec une énergie fébrile, produisirent sur le conseil un effet que nous renonçons à rendre.

L'espion, toujours à genoux, affaissé sur lui-même, les bras pendants et la tête sur la poitrine, sanglotait tout bas, et tout son corps était agité par des mouvements convulsifs.

Chez lui, le moral était mort ; la bête seule avait survécu.

Il y eut quelques secondes d'un silence lugubre.

On n'entendait que les sifflements sourds de la brise et les murmures sinistres des branches d'arbres qui s'entre-choquaient.

Enfin, le président se leva.

— Cet homme a mérité la mort, dit-il. Il est indigne de subir le châtiment réservé aux gens de cœur ; il est en dehors du droit des gens. Demain, au lever du soleil, il sera pendu à un gibet haut de vingt pieds, et sur sa poitrine sera placé un écriteau sur lequel on écrira ses noms, ses titres, et au-dessus, en lettres hautes de deux pouces : *Espion prussien*. Emmenez le condamné. Jusqu'au lever du soleil qu'il soit gardé à vue. Allez !

Les volontaires se penchèrent sur le misérable, le soulevèrent par les bras et l'emportèrent plutôt qu'ils ne le conduisirent, — car il était incapable d'aucun mouvement, — dans la chambre où il avait été enfermé d'abord dont la porte demeura ouverte, et où deux hommes restèrent à ses côtés afin de veiller sur lui, comme ils en avaient reçu l'ordre.

Après que le comte de Brisgaw eut été emmené, il y eut un court silence.

L'affaire qui venait d'être jugée avait vivement impressionné le conseil.

Ces braves ouvriers, que le patriotisme avait faits soldats, frémissaient malgré eux et se sentaient le cœur serré en songeant à la responsabilité terrible que la situation qui leur était faite par les circonstances faisait peser sur eux.

Bien qu'ils eussent la conviction intime d'avoir accompli un devoir, cependant ils maudissaient cette guerre qui les avait arrachés à leurs familles, à leurs travaux et les contraignait, non-seulement à combattre pour la défense de leurs foyers, mais encore à s'ériger en juges et à décider de la vie ou de la mort d'autres hommes.

Une profonde tristesse était répandue sur leur visage.

Une lassitude extrême s'était emparée d'eux.

Cependant tout n'était pas fini encore ; la partie la plus rude de leur tâche leur restait à accomplir.

Il y avait un prisonnier à juger encore ; ce prisonnier était une femme.

— Messieurs, dit le président en se décidant enfin à reprendre la parole, je me vois obligé maintenant de faire appel à tout votre courage. Une femme va être amenée devant vous. Cette femme, vous savez dans quelles circonstances elle a été faite prisonnière. Depuis longtemps déjà nous avions été avertis qu'elle servait d'espionne aux troupes allemandes ; que, depuis plusieurs années, elle s'était établie en France dans le but de découvrir tous les secrets de notre politique et de notre organisation militaire et de livrer ces secrets au gouvernement prussien. De plus, cette femme, depuis que les forces allemandes occupent l'Alsace et la Lorraine, a travaillé activement à créer dans ce pays des partisans à l'ennemi. On assure qu'elle a eu de nombreuses conférences avec les chefs du parti piétiste; que ce parti travaille sourdement, mais avec une activité extrême, à entraver la défense, à démoraliser les populations par des nouvelles fausses ou erronées et à les pousser à se déclarer pour la Prusse. Elle voyageait, paraît-il, quand elle s'est arrêtée à l'auberge du père Legoff, en compagnie d'un des chefs les plus influents du parti piétiste. Malheureusement, cet homme a réussi à s'échapper; il a lâchement abandonné sa complice et a profité du désordre pour disparaître, laissant entre nos mains cette malheureuse femme qui, peut-être dans tout ceci, a été plus inconséquente que réellement coupable. Elle n'a fait que servir d'instrument aux traîtres qui se cachaient derrière elle et la poussaient en avant. Vous apprécierez, messieurs, ces différentes accusations, et, je n'en doute pas, vous vous montrerez à la fois justes, sévères, mais équitables. Faites entrer la prisonnière, ajouta-t-il.

La porte fut ouverte, et la baronne entra.

Elle était pâle, mais calme.

Ses yeux rougis laissaient voir qu'elle avait pleuré.

Elle tenait à la main un mouchoir dont parfois elle s'essuyait le visage.

Sa démarche n'avait rien de hautain ni de provoquant, son attitude était simple.

Elle salua les officiers et s'assit sur la chaise qui lui fut présentée.

Au moment où le commandant Ludwig se préparait à lui adresser la parole, les regards de la jeune femme tombèrent par hasard sur Michel Hartmann, toujours assis auprès de la cheminée.

Elle tressaillit en apercevant l'officier, jeta un cri étouffé et fit un mouvement comme pour se lever et s'élancer vers lui.

De son côté, Michel sembla aussi la reconnaître, poussa une exclamation et se leva.

Les officiers et le président firent un geste d'étonnement.

— Et quoi! commandant, connaîtriez-vous madame?

— En effet, je viens de la reconnaître, répondit-il avec émotion.

— Mais comment se fait-il que, bien que le nom de madame eût été prononcé plusieurs fois devant vous, vous n'ayez témoigné d'aucune manière connaître ce nom?

Michel Hartmann vint se placer à côté de la jeune femme, et, après l'avoir saluée avec courtoisie, il se retourna vers le commandant auquel il répondit:

— Monsieur le président, j'ignorais, en effet, le nom de madame; voilà pourquoi je suis demeuré indifférent lorsque son nom a été prononcé plusieurs fois devant moi; mais, en la voyant, je l'ai immédiatement reconnue.

— Pourriez-vous, commandant, nous donner quelques renseignements sur cette dame?

— Ma liaison ou plutôt mes relations avec elle ont été toutes fortuites et très-courtes, du reste. Si vous le désirez, je me mets entièrement à la disposition du conseil pour lui donner tous les renseignements qui sont en mon pouvoir.

— Parlez, nous vous écoutons, commandant.

— Quelque temps avant la guerre, sept ou huit mois environ, j'étais lieutenant alors et attaché à l'état-major du général commandant la province de Constantine. J'avais reçu du général l'ordre de me rendre à Sétif. J'étais parti, accompagné de mon ordonnance, l'homme que vous voyez ici, qui est maintenant sergent, et d'une petite escorte de chasseurs d'Afrique, composée de quatre hommes et d'un brigadier. Il y avait une heure à peine que nous avions quitté Constantine, lorsque dans un chemin creux, endroit fort désert et fort redouté des voyageurs, je fus attiré par des cris perçants et quelques coups de feu tirés de l'autre côté d'un coude que faisait la route. Je piquai des deux; mon escorte m'imita, et, à peine avions-nous tourné le coude du chemin, que j'aperçus à une cin-

LE BARON FRÉDÉRICK — PRIS AU PIÈGE 49

Un avant-poste de *Zéphyrs*. (Page 49.)

quarantaine de pas en avant, une voiture renversée et deux ou trois hommes se défendant en désespérés contre six ou huit Arabes, tandis que cinq ou six autres essayaient d'entraîner derrière les buissons qui bordaient le chemin, deux femmes échevelées, qui se débattaient entre leurs mains en poussant des cris de désespoir. Je piquai des deux et je tombai comme la foudre sur les bandits. Ceux-ci n'opposèrent qu'une molle résistance. Épouvantés à la vue des chasseurs d'Afrique ils s'enfuirent bientôt dans toutes les directions, en abandonnant sur le chemin les deux femmes presque évanouies. De ces deux femmes, l'une était madame ; l'autre, sa servante. Je fis prodiguer à cette dame les soins les plus assidus, chose assez facile grâce à l'ambulance portative d'un avant-poste de *Zéphyrs* qui se trouvait non loin de là ; puis, lorsque je la vis en état de continuer sa route, je lui cédai mon escorte et elle partit pour Constantine, tandis que moi, je me dirigeai vers Sétif.

— Eh bien, vous n'avez pas demandé le nom de la personne à laquelle vous aviez rendu un si grand service, commandant ?

— Moi ? Je n'y ai même pas songé. Pourquoi l'aurais-je fait ?

— Effectivement, dit Mme de Steinfeld. Monsieur n'avait aucun intérêt à connaître celle qui lui devait la vie; mais moi, son obligée, j'avais demandé son nom à un des soldats, et ce nom, je l'ai précieusement conservé dans mon cœur.

— N'avez-vous rien à ajouter, commandant ?

— Quelques mots seulement : lorsque, ma mission accomplie, je rentrai à Constantine, je m'informai de cette dame ou plutôt ce fut le général qui m'en parla. Cette affaire avait fait grand bruit. Je demandai si cette dame était toujours à Constantine, on me répondit qu'elle était partie depuis deux ou trois jours, mais qu'avant de quitter la ville, et pour reconnaître sans doute le service qui lui avait été rendu, elle avait donné une somme de vingt mille francs pour être distribuée, la moitié aux détenus militaires, l'autre moitié aux soldats blessés ou malades, alors à l'hôpital militaire. Puis je quittai Constantine, j'obtins un congé, je revins en Alsace, dans ma famille, et, je l'avoue en toute humilité, ajouta-t-il en saluant Mme la baronne de Steinfeld, j'avais complètement oublié cette aventure, lorsque tout à l'heure j'ai reconnu madame, ainsi que vous l'avez vu.

— Commandant, je vous remercie au nom du conseil de ces explications.

— Je vous demanderai maintenant, messieurs, puisque le hasard me met de nouveau en présence de cette dame, que vous me permettiez de lui servir de défenseur aujourd'hui comme j'ai déjà été assez heureux pour le faire dans une autre circonstance.

— Soit, commandant. Vous avez entendu ce que j'ai dit au conseil, avant que Mme la baronne de Steinfeld fût amenée en sa présence. Voulez-vous prendre la parole ou préférez-vous que j'adresse à madame les questions d'usage ?

— Monsieur, je crois inutile d'adresser à madame ces questions. Elle ne nie pas être Mme la baronne de Steinfeld ; elle reconnaît de plus être Allemande et, j'irai même plus loin, elle convient sans difficulté de toutes les charges qui pèsent sur elle et de la validité de l'accusation qui l'oblige à comparaître devant vous. Est-ce vrai, madame ?

— Oui, monsieur. J'ajouterai seulement quelques paroles, si l'on veut me le permettre, avant que vous alliez plus loin.

— Nous vous écoutons, madame.

— Messieurs, répondit la baronne, je ne chercherai en aucune façon à nier les fautes ou plutôt les crimes dont je suis accusée ; ces fautes, je les ai commises ; ces crimes, je m'en suis rendue coupable. Croyez-le, messieurs, ce n'est ni par cynisme, ni par forfanterie, ni par lâcheté que je vous parle aussi franchement. Si je m'accuse devant vous, c'est que je sais que vous êtes des hommes au sens droit, des ouvriers laborieux, des pères de famille pour la plupart et que vous me comprendrez lorsque je viendrai vous dire ceci : J'appartiens à une des plus anciennes familles de la Prusse. Mon mari est mort en me laissant un fils. J'ai été ruinée par un intendant infidèle qui a soustrait le testament de mon mari, et ruinée de telle sorte que ma fortune tout entière est passée aux mains de la branche cadette de la famille de mon mari. Un jour, le premier ministre du roi me fit venir. Il me parla à peu près en ces termes :

« Vous êtes d'une grande famille ; le testa-
« ment de votre mari a été soustrait ; vous et
« votre fils vous vous trouvez par suite de
« cette soustraction, réduits à la misère. Ce
« testament dont on nie l'existence, le voici. Je
« l'ai retrouvé, moi. Mais de grands intérêts
« politiques s'opposent à ce que je vous le re-
« mette. Je m'engage à faire entrer votre fils
« dans une école militaire où il sera élevé aux

« frais de l'État. Je vous ferai compter cha-
« que année une pension considérable par
« votre beau-frère, possesseur actuel de vo-
« tre fortune; mais je mets à cela une condi-
« tion : c'est que vous signerez ce papier par
« lequel vous vous engagez à quitter immé-
« diatement l'Allemagne. Vous êtes belle,
« vous êtes jeune, vous êtes spirituelle et vous
« appartenez au plus grand monde. Vous vous
« rendrez en France et là, vous tiendrez un
« grand état de maison; vous ouvrirez un sa-
« lon politique et, chaque mois, vous corres-
« pondrez avec moi et vous me rendrez
« compte des conversations que vous aurez
« entendues. Si vous refusez, la misère et l'op-
« probre ; si vous acceptez, la richesse, et,
« plus tard, la restitution pleine et entière de
« votre fortune. »

J'étais mère. La pauvreté m'épouvantait, plus encore pour mon enfant que pour moi. J'acceptai. J'acceptai d'autant plus que je ne me rendais pas compte et que je ne comprenais pas les conditions honteuses qui m'étaient imposées. Je l'ai compris quelques mois après ; il était trop tard. Le tigre me tenait dans ses griffes et j'étais, malgré moi, forcée d'obéir. Voilà, messieurs, ce que j'avais à vous dire. Je terminerai en ajoutant que je déteste ce que j'ai fait. Le métier auquel j'ai été contrainte est odieux et justement méprisé de tous les honnêtes gens. Si je suis aussi coupable que je le parais, faites-moi mourir : je ne m'abaisserai pas à implorer une pitié que je n'ai pas méritée. Si, au contraire, vous appréciez l'aveu tout spontané que je vous ai fait, si vous me laissez vivre, je vous le jure, j'essaierai par tous les moyens, de réparer, autant qu'il me sera possible, le mal que j'ai aidé à faire. Depuis longtemps, le remords est entré dans mon cœur; la clarté s'est faite dans mon âme, et je déteste la complicité que l'on m'a imposée. Maintenant, jugez-moi, messieurs ; je subirai mon sort sans me plaindre.

Elle s'inclina gracieusement et se rassit.

— Parlez, commandant.

— Messieurs, après la confession si digne et si franche de Mme la baronne de Steinfeld, je crois qu'essayer de la défendre autrement qu'elle l'a fait devant vous, serait commettre une erreur. Vous voyez une pauvre femme, une mère accablée de douleur, prise par le remords, qui maudit la complicité qu'on lui a imposée. Cette femme, rien ne l'obligeait à parler ainsi qu'elle l'a fait. La conviction seule de ses torts a pu l'obliger à se confesser ainsi devant vous avec tant d'abandon — et, passez moi l'expression — de loyauté. Elle se repent. Elle voit aujourd'hui la monstruosité du rôle qu'elle a été contrainte de jouer. Et cependant, elle ne se plaint pas; elle se reconnaît coupable. Ce repentir est sincère, messieurs ; vous devez y ajouter foi. Mme la baronne de Steinfeld a été coupable, mais elle ne l'est plus à mes yeux. On n'a pas un tel accent de vérité lorsqu'on veut en imposer à ses juges. Je vous le répète, son repentir est sincère ; vous devez lui pardonner et l'aider à réparer le mal qu'on lui a fait faire.

Le président se tourna vers Pétrus.

Celui-ci se leva.

— Messieurs, dit-il, la tâche qui m'est imposée par le conseil est fort lourde pour mes épaules. En effet, je suis en face d'une femme qui est coupable, coupable sur tous les points, et qui l'avoue. Cette femme est jeune, elle est belle, elle est riche, de plus elle est mère. C'est pour son fils, dit-elle, qu'elle est devenue coupable, et elle fait remonter la responsabilité de ses crimes au Machiavel teuton qui préside en ce moment aux destinées de la Prusse. Cet homme est une bête féroce, nous le savons tous ; tous les moyens lui sont bons pour atteindre le but qu'il se propose ; le seul, le vrai coupable est réellement lui. Mais, s'il n'était pas certain de trouver des complices dans la lâcheté de la noblesse prussienne, qui se met à plat ventre devant lui, croyez-vous qu'il pourrait obtenir les résultats qu'il obtient? Non, certes ; ses complices, rois, princes, ducs, comtes, sont des scélérats en sous-ordre, c'est vrai, mais en sont-ils pour cela moins scélérats ? Vous le savez, messieurs, je suis un homme de mœurs douces ; j'étudiais pour être médecin lorsque la guerre est venue m'enlever à mes travaux. Mieux que personne je sais les égards qui sont dus à un sexe faible et charmant. Mon cœur se brise, lorsque je vois devant vous une femme jeune, belle, noble, comparaître sous une accusation aussi terrible. Je voudrais la sauver ; des sanglots gonflent ma poitrine, car, moi aussi, j'ai une mère, j'ai une sœur... Oh ! messieurs, quelle dure responsabilité les circonstances terribles de cette guerre assument sur nous ! Oui le repentir de cette femme est sincère, je le crois, j'en ai la conviction ; mais, les victimes de ses délations en sont-elles moins malheureuses ? Que répondrez-vous à cela ? Hélas ! je voudrais qu'elle fût pardonnée ; je voudrais qu'il lui fût permis d'expier sa faute par de longues douleurs. Mais ici, nous ne sommes point un tribunal ordinaire. Notre mission est de défendre et de protéger ces populations injustement foulées, ces femmes assassinées, ces jeunes filles violées, ces enfants et ces villages incendiés par l'ennemi. Messieurs, l'accusée est coupable : elle doit mourir. J'ai dit.

Après ce réquisitoire, Pétrus se laissa retomber sur sa chaise et cacha son visage dans ses mains.

VI

COMMENT LA BARONNE DE STEINFELD PRIT CONGÉ DES FRANCS-TIREURS.

Aussitôt que Mme de Steinfeld eut été emmenée hors de la salle, le commandant Ludwig se pencha vers le jeune officier et lui dit :

— Monsieur Michel, vous savez combien nous sommes dévoués à votre famille et combien nous vous aimons et vous respectons, vous surtout. J'ai donné l'ordre de faire retirer la prisonnière, parce que j'ai cru remarquer que vous désiriez adresser à mes compagnons et à moi quelques observations au sujet du jugement que nous allons prononcer.

— En effet, mon cher Ludwig, répondit le commandant, telle était mon intention.

— Voyez-vous, monsieur Michel, nous ne sommes que des pauvres gens, sans instruction et sans autre indication pour rendre la justice que le peu de lumière que nous trouvons dans notre honnêteté et surtout dans notre impartialité ; nous serons donc heureux que vous nous veniez en aide, car c'est avec la plus profonde tristesse et le cœur brisé que nous sommes contraints de prononcer une condamnation dont la justesse peut être discutée, à cause de notre ignorance absolue des formes judiciaires.

— Messieurs, dit l'officier, vous vous faites beaucoup trop humbles et surtout trop petits. La mission que vous avez à remplir est grande et, jusqu'à présent, vous l'avez accomplie avec une impartialité qui vous fait honneur. Cependant, puisque vous m'engagez à vous donner mon avis, je vous parlerai franchement et je vous dirai mon opinion tout entière.

— C'est cela, monsieur Michel ; parlez, nous vous écoutons avec la plus sérieuse attention, d'autant plus qu'en votre qualité d'officier, vous avez dû plusieurs fois être appelé à faire partie d'un conseil de guerre.

— Ce n'est malheureusement que trop vrai, messieurs. Deux fois, en Afrique, j'ai fait partie d'un conseil de guerre ; mais, puisque vous désirez savoir complètement à quoi vous en tenir sur la mission qui vous est donnée et sur la valeur réelle de l'institution inscrite à la première ligne des lois militaires et en vertu de laquelle vous êtes réunis, je vais être explicite. L'institution des conseils de guerre remonte aux plus mauvais jours de notre histoire. C'est une de ces sanglantes parodies de la justice, si en usage au moyen âge et qui, on ne sait pourquoi, a survécu à une époque de honteuse et féroce barbarie. En effet, cette institution n'est plus de notre temps. Elle aurait dû disparaître avec toutes ces autres justices d'exception qui ne procédaient que par le bon plaisir. Les conseils de guerre sont surtout une justice d'exception, puisqu'ils méconnaissent le droit qu'ils remplacent par la force, étant, par le fait même de leur organisation, juges en leur propre cause. Par suite d'un illogisme dont l'histoire de notre pays, donne malheureusement tant de preuves, les conseils de guerre ne sont jamais appelés à fonctionner en France que dans les époques les plus troublées lorsque la justice, tout en étant rigoureuse, devrait être impartiale et surtout éclairée. Ce sont donc les vainqueurs qui jugent ou plutôt qui châtient les vaincus. Un homme qui comparaît devant un conseil de guerre n'est pas, pour ce tribunal, un accusé peut-être innocent, mais un coupable qui doit être puni. Si grande que soit l'honnêteté des juges militaires, ils se laissent malgré eux entraîner par la passion politique, par la haine qu'ils éprouvent pour le parti qu'ils ont terrassé, et l'arrêt qu'ils sont appelés à rendre est toujours entaché de haine, de prévention et annulé par l'opinion publique. La hiérarchie rend l'impartialité impossible dans les conseils de guerre, voici pourquoi : ces conseils sont composés d'officiers de grade différents, ayant pour président un officier de grade supérieur. Il est de notoriété publique qu'un lieutenant n'osera jamais être d'un avis contraire à celui de son capitaine, et qu'à son tour le capitaine n'osera pas contre-carrer l'opinion émise par le colonel président le conseil. Tant d'audace serait considérée comme une insubordination flagrante par le président. Les officiers seraient mal notés et, à la première occasion, verraient leurs carrières à jamais brisées. Et cependant, tous ces officiers sont des hommes d'une grande honorabilité, pris individuellement, d'une haute capacité militaire. Ils ont fait de longues études et acquis une vaste instruction. Mais cette instruction est essentiellement tournée vers les choses de la guerre. Plus leur capacité est grande, plus leur érudition est vaste, moins ils sont à mon avis capables de s'ériger en magistrats et de rendre la justice. L'étude des lois est une étude spéciale, fort longue et fort difficile. De plus, pour rendre la justice, il faut être placé dans une position exceptionnelle : n'avoir ni attaches, ni intérêts, ni lien d'aucune sorte autre que celui de rendre la justice avec impartialité. Voilà pourquoi les législateurs qui ont rédigé nos codes ont exigé des magistrats qu'ils eussent une position indépendante; que, par conséquent, ils ne fussent jamais exposés à subir d'influence ou de pression, afin qu'ils pussent rendre leur jugement, la main sur le cœur, avec un complet désintéressement et une complète impartialité. Un soldat, quelque effort qu'il fasse, quelque bon sens dont il soit doué, quelle que soit enfin son honorabilité, ne saurait jamais remplir, en aucun cas, les conditions exigées pour être un juge impartial. Je ne parle ici que pour mémoire de l'ignorance complète des lois, ignorance que l'on peut reprocher aux officiers, par la raison toute simple que c'est à peine s'ils ont le temps suffisant pour apprendre les questions militaires, administratives, réglementaires, auxquelles ils doivent obéir. Cela est si vrai que le législateur ne reconnaît les conseils de guerre que dans les conditions se rattachant spécialement à l'état militaire et aux hommes qui font partie de l'armée et cela, pour manquement aux lois spéciales édictées pour l'armée, et secondement, en présence de l'ennemi, pour juger les espions et les traîtres. Donc, toute juridiction militaire, transportant ses lois dans la vie civile, et les appliquant aux citoyens, est un abus. Telle est la seule explication que je puisse vous donner, messieurs, sur cette institution que le bon sens réprouve et qui, pour l'honneur de l'humanité, devrait disparaître de nos lois. Je ne sais si vous m'avez bien compris. Quant à ce qui vous regarde particulièrement, permettez-moi d'y revenir. Je crois que, dans le cas présent, non-seulement vous pouvez faire preuve de clémence, mais que vous commettriez une faute en appliquant sévèrement la loi. Voici pourquoi : vous n'avez pas affaire à un criminel endurci, comme le comte de Brisgaw, un misérable qui avait fait de l'espionnage un métier et qui, pour de l'argent, à défaut d'autre, se serait dénoncé lui-même. Non. Vous avez devant vous une femme beaucoup plus malheureuse que coupable, qui, poussée par l'amour maternel et le désir de rendre à son enfant la fortune qui lui a été enlevée, a succombé aux perfides promesses d'un ministre infâme ; qui, si elle avait osé refuser le honteux marché qu'il lui imposait, n'aurait pas hésité, vous en êtes convaincus comme moi, n'est-ce pas, messieurs ? à plonger cette infortunée au fond d'un cachot où, en proie au plus violent désespoir, elle n'aurait pas tardé à succomber misérablement. Cette femme comprend toute la grandeur de son crime. Et, de plus, remarquez bien ceci : son repentir peut nous être utile en nous permettant de retourner contre le scélérat qui l'a poussée dans la voie où elle s'est engagée l'arme que lui même a dirigée contre nous. Jetez les yeux sur les pièces nombreuses déposées sur votre table. Ces pièces, fort importantes, sont écrites en chiffres dont vous n'avez pas la clef. La mort de cette pauvre femme ne vous apprendra rien des secrets que vous voulez découvrir ; sa vie, au contraire, pourra peut-être vous aider à trouver ce secret si important. Vous êtes trop intelligents, messieurs, pour ne pas saisir au premier mot l'importance de mes paroles. Je n'ajouterai donc rien. Maintenant, c'est à vous à prononcer votre jugement avec autant d'impartialité que vous en avez montré jusqu'à présent.

— Nous vous remercions sincèrement de ce que vous avez bien voulu nous dire, monsieur Michel, répondit Ludwig, et nous profiterons des conseils que vous nous donnez.

L'officier s'inclina, serra la main du président du conseil, et alla se rasseoir auprès de la cheminée.

Les membres du conseil commencèrent à causer entre eux à voix basse, avec une certaine animation.

Leur discussion fut longue ; elle dura plus d'une heure.

Enfin, lorsque le commandant Ludwig eut écouté toutes les observations et recueilli tous les votes, il donna l'ordre que la prisonnière fût introduite de nouveau.

Madame de Steinfeld rentra.

Elle était calme en apparence, mais visiblement abattue.

Elle échangea en entrant dans la salle un regard avec Michel, regard qui sembla lui rendre un peu de courage, car le jeune homme souriait, et elle vint se placer devant la table.

— Madame, dit alors Ludwig, le conseil de guerre, après vous avoir entendue, après surtout avoir écouté les paroles prononcées en votre faveur par M. le commandant Michel Hartmann, tout en vous reconnaissant coupable, prend en considération l'aveu spontané que vous avez fait, le repentir que vous avez témoigné et l'engagement que vous avez pris de renoncer à servir plus longtemps nos ennemis par des moyens aussi déshonorants pour vous et pour eux. Le conseil, à l'unanimité, décide que grâce pleine et entière vous est accordée; que votre voiture et tout ce qui vous appartient vous seront rendus, et qu'il vous sera permis de vous rendre librement à tel endroit que vous désirerez. Au lever du soleil, vous serez conduite sous esorte dans le village où se trouvent en ce moment votre voiture et vos serviteurs.

— Messieurs, répondit la baronne, je vous remercie du fond du cœur de la décision que vous avez prise à mon égard, non pas pour moi, mais pour mon fils à qui vous rendez sa mère. Je n'osais espérer trouver en vous autant de bonté et de mansuétude ; je ne serai pas ingrate. Les promesses que je vous ai faites seront strictement tenues ; je ferai plus : lorsque j'ai été amenée ici, dans le premier moment, j'ai caché dans cette chambre où j'ai passé de si longues heures en proie au plus violent désespoir, j'ai caché, dis-je, un trousseau de clefs. Une de ces clefs ouvre une cachette pratiquée dans ma voiture, et si parfaitement dissimulée qu'il vous aurait été impossible de la découvrir, même en brisant la voiture. Dans cette cachette, vous trouverez des papiers de la plus haute importance, ainsi que les grilles et les alphabets au moyen desquels vous pourrez lire ces papiers. Je crois que la découverte des secrets renfermés dans ces dépêches vous prouvera combien j'ai à cœur de réparer le mal que j'ai fait. Et, soyez-en bien convaincus, messieurs, ce n'est pas la crainte, mais le désir seul de vous prouver mon repentir et ma reconnaissance qui m'engage à agir ainsi que je le fais en ce moment.

— Nous vous remercions, madame, de cette preuve de loyauté. Jusqu'au moment de votre départ, vous ne serez plus ici considérée que comme une hôte et traitée avec tout le respect et tous les égards auxquels vous donnent droit votre nom et votre sexe.

La comtesse s'inclina et suivit un officier chargé de la conduire dans une cabane voisine où une chambre lui avait été préparée dans les conditions les plus confortables possibles.

— Eh bien, dit Michel, avais-je raison, mon cher Ludwig ?

— Eh ! monsieur Michel, vous aviez tellement raison que nous l'avons compris, allez ; aussi, voyez, nous avons fait ce que vous avez voulu.

— Nous ne sommes pas des ogres, ni des assassins de femmes, dit Pétrus ; et, pour ma part, tout en remplissant les fonctions désagréables que l'on m'a fait l'honneur de me donner, j'étais désespéré intérieurement de demander la mort de cette dame ; un beau brin de femme, tout de même, et que je reverrai bien souvent dans mes rêves, ajouta-t-il avec exaltation.

— Allons, allons, dit Lucien en riant, tu étais pour la mort.

— Non pas, je m'en défends. Je faisais mon devoir en requérant la mort, parce que je ne pouvais pas faire autrement ; mais j'étais bien sûr que M. Michel trouverait le moyen de me mettre dans mon tort ; aussi je vais fumer une pipe, je ne vous dis que ça.

— Un instant, dit Ludwig ; tout n'est pas fini encore : cette dame doit partir demain matin. Qui l'accompagnera ?

— Moi, si vous voulez, s'écria Pétrus.

— Non pas, dit Ludwig ; vous seriez capable de la faire mourir de peur ; rien qu'en vous voyant, je suis certain qu'elle s'évanouirait.

— Oh ! je suis donc bien laid ?

— Non, ce n'est pas que tu sois trop laid, cher ami, dit Lucien en riant ; mais, entre nous, tu es tout le contraire d'un Adonis, et, si quelqu'un doit accompagner cette dame, je crois que c'est plutôt celui qui l'a défendue devant le conseil, mon frère Michel.

— Il y a un moyen de vous mettre d'accord, reprit Ludwig ; si M. Michel y consent, et nous lui en aurons beaucoup d'obligation, il accompagnera cette dame jusqu'à Voyères avec vous, monsieur Lucien ; quant au sergent Pétrus, il commandera l'escorte.

— Eh bien ! voilà qui est convenu ; c'est très-bien ainsi, fit Pétrus. Vous consentez, monsieur Michel ?

— Parfaitement, mon cher Ludwig. Vous

savez que je suis entièrement à votre disposition.

— Messieurs, la séance est levée. Veuillez, je vous prie, retourner chacun à votre poste. Quant à moi, je vais aller faire une ronde. Monsieur Michel, vous êtes ici chez vous. Il y a là deux ou trois bottes de paille. Dame! ce n'est pas grand'chose, mais c'est tout ce que je puis vous offrir.

— Bon, bon, ne vous inquiétez pas de cela. Une nuit est bientôt passée.

— Laissez faire, commandant, dit le Parisien, je vais vous confectionner un lit de plumes, dans lequel nous dormirons comme des loirs.

— Mais, avant de dormir, reprit Michel, je ne serais pas fâché de causer un peu avec le Loup-Garou.

— J'y songeais, frère; je vais le chercher et je te l'amène.

Lucien sortit en même temps que les autres membres du conseil.

Il ne resta plus dans la salle que Michel et le Parisien qui confectionnait son lit de plumes avec les trois ou quatre bottes de paille mises à sa disposition.

Le lendemain, le soleil se leva radieux, dans un ciel sans nuages. Une grande animation régnait sur le plateau des Baraques. Le bivouac des francs-tireurs représentait en petit l'aspect d'un camp. On relevait les factionnaires. Des corvées allaient au bois et à l'eau. D'autres s'occupaient activement des préparatifs d'un déjeuner plus que frugal. Quelques jeunes gens, nouvellement engagés, faisaient l'exercice, et, sous la direction d'un vieux soldat, apprenaient les premiers éléments du maniement des armes. Enfin, partout régnait un mouvement et un entrain extrêmes.

Sur la lèvre du plateau, juste en face du village d'Abreschwiller, plusieurs francs-tireurs, l'habit bas et les manches retroussées, travaillaient activement à dresser une haute potence.

A un certain moment, les clairons firent entendre leurs notes retentissantes.

Les volontaires coururent aux armes et les rangs se formèrent. Les francs-tireurs s'étaient rangés en demi-cercle, un peu en arrière de la potence, dont nous avons parlé plus haut.

A un signal donné, Ludwig et les autres officiers sortirent d'une cabane servant de quartier général et vinrent se placer à quelques pas en avant, sur le front du bataillon.

Les clairons sonnèrent de nouveau une fanfare.

Un peloton d'une dizaine d'hommes, commandés par le sergent Pétrus, entra dans une des baraques et en ressortit presque aussitôt, conduisant dans ses rangs un homme qui se soutenait à peine et semblait à demi mort de terreur.

Cet homme n'était autre que l'espion jugé le soir précédent, le baron de Brisgaw. Le misérable fut amené devant le front du bataillon.

Les volontaires présentèrent les armes.

Un sous-officier lut la sentence, puis le commandant leva son épée au-dessus de sa tête et dit d'une voix vibrante:

— Que justice soit faite!

Le condamné, presque inerte, fut conduit par dessous les bras au pied de la potence, et, ainsi que le portait l'arrêt, après lui avoir attaché les bras derrière le dos, on lui fixa sur la poitrine une immense pancarte sur laquelle étaient écrits en lettres noires, hautes de deux pouces, son nom, son titre, et au-dessous ces deux mots: Espion prussien.

Les clairons sonnèrent.

La corde se roidit. Le condamné fut lancé dans l'espace. Pendant une minute, le corps fut agité d'un frémissement convulsif, puis il demeura immobile.

Justice était faite.

Les francs-tireurs défilèrent musique en

LE BARON FRÉDÉRICK — PRIS AU PIÉGE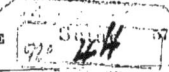

M. Hartmann, je vous dois la vie... (Page 62.)

tête devant le gibet, puis vinrent se ranger en bataille devant le quartier général. Là, ils rompirent les rangs et chacun retourna à ses occupations.

Le gibet, de la façon dont il avait été placé, non-seulement était visible du fond de la vallée occupée par les troupes allemandes, mais encore avec une bonne lorgnette il était facile de lire l'écriteau placé sur la poitrine du supplicié.

Grande fut la rage des Prussiens qui assistaient à cette exécution à laquelle ils ne pouvaient s'opposer.

Bientôt les tambours allemands répondirent aux clairons français et l'on vit sortir du village une longue file de soldats.

Un nouvel assaut était imminent.

Mais les francs-tireurs étaient préparés à le recevoir.

Presque immédiatement les pentes de la colline se couvrirent de tirailleurs qui essayaient de gravir la montagne et de frayer un chemin à leurs compagnons.

Le plateau semblait désert. Aucune tête n'émergeait des barricades. Le drapeau français flottait seul au-dessus du quartier général.

Tout à coup, à un signal donné, lorsque déjà les Allemands avaient, au prix de difficultés extrêmes, gravi près de la moitié de la pente et qu'ils se massaient pour donner un assaut général, un appel de clairon se fit entendre.

Au même instant, d'immenses blocs de rochers poussés par des mains invisibles s'ébranlèrent sur leur base, se détachèrent du plateau et roulèrent en bondissant sur les flancs de la colline ; d'énormes sapins oscillèrent, et violemment arrachés du sommet des barricades, ils furent précipités du haut en bas.

Un cri terrible, cri suprême d'agonie et de désespoir s'éleva aussitôt de la vallée.

Les quelques soldats qui n'avaient pas été écrasés par ces engins terribles, s'échappaient effarés en poussant des cris de terreur, poursuivis dans leur fuite par les balles des implacables volontaires.

Cette fois encore, les Prussiens étaient repoussés.

Leur rage s'était brisée impuissante au pied de ces formidables remparts de granit.

Les francs-tireurs sonnèrent une fanfare joyeuse et saluèrent par des cris répétés de : « Vive la France ! » la fuite piteuse des Teutons.

Le gibet auquel l'espion avait été suspendu continua à dessiner sa grande ombre sur le ciel et à narguer cet ennemi qui se figurait, dans son orgueil, avoir si bon marché du patriotisme français.

Le supplicié resta suspendu jusqu'au coucher du soleil ; puis la corde fut coupée, et le cadavre jeté dédaigneusement dans la vallée où les Prussiens furent libres alors de le recueillir et de l'enterrer si bon leur semblait, en lui rendant les honneurs dus à son noble nom.

La matinée s'avançait.

Il était environ dix heures du matin, lorsque la petite troupe composée de deux hommes et d'une femme, sortit du quartier général et apparut sur le plateau.

La femme était la baronne de Steinfeld.

Michel et Lucien Hartmann l'accompagnaient.

En les apercevant, Pétrus, qui se tenait immobile à quelques pas, à la tête d'un détachement d'une vingtaine d'hommes et appuyé sur son fusil, fit porter l'arme et commanda :

— Par le flanc droit et par file à gauche ; l'arme à volonté à son détachement, et il se dirigea vers l'extrémité du plateau qui se reliait à la montagne.

La baronne et ses deux compagnons le suivirent.

La colline sur laquelle s'élevaient les Baraques se rattachait à la montagne par un pont de trente pieds de long environ et de vingt pieds de large, jeté sur un précipice et dominant la vallée d'une hauteur de plus de deux cents mètres.

Ce pont était formé d'énormes troncs de sapins, posés les uns à côté des autres, reliés entre eux par de forts liens de chanvre et recouverts de terre battue.

Deux énormes barricades, placées à chaque tête du pont, en défendait les approches.

Du reste, des leviers étaient préparés de manière à pouvoir, en cas de nécessité absolue, faire en moins de dix minutes rouler les sapins dans l'abîme et intercepter ainsi le passage.

Une vingtaine d'autres troncs de sapins étaient couchés à terre sur le plateau et destinés à remplacer immédiatement le pont si, par un accident imprévu, on était obligé de le détruire.

La petite troupe s'engagea dans l'étroit passage et franchit plusieurs barricades levées de distance en distance et destinées à protéger les approches du camp.

Il va sans dire qu'à chaque barricade on changeait, avec une sévérité toute militaire, les signes de reconnaissance.

A trois cents mètres environ de la dernière barricade, on passa la dernière ligne de sentinelles postées derrière des buissons, des accidents de terrain, de manière à apercevoir l'ennemi de très-loin sans être vues par lui.

Cette ligne franchie, Pétrus fit ouvrir les rangs à son détachement, envoya deux hommes en avant pour éclairer la route; deux autres furent détachés sur les flancs, du côté de la vallée et de celui de la montagne.

Il disposa ceux qui restaient de telle sorte que les volontaires placés à droite inspectaient la gauche, et ceux placés à gauche, réciproquement, inspectaient la droite.

La baronne de Steinfeld, Michel et Lucien Hartmann furent placés au milieu des rangs.

Les deux hommes étaient armés et marchaient en file ; c'est-à-dire que Lucien venait le premier, la baronne au centre et Michel immédiatement derrière elle, afin de la protéger.

Madame de Steinfeld et son escorte suivaient sous bois un sentier assez large et qui avait dû être assez bien entretenu, serpentant sur les flancs de la montagne.

Depuis la guerre, ces chemins avaient été ravinés, défoncés et coupés en certains endroits par des tranchées, afin de les rendre impraticables au passage d'une troupe réglée.

La marche était donc nécessairement lente et surtout fatigante.

Le village auquel Pétrus avait reçu l'ordre de conduire la baronne n'était éloigné des Baraques que d'une lieue tout au plus, et cependant il y avait près d'une heure et demie que les francs-tireurs avaient quitté le camp. Ils avaient encore un assez long espace de terrain à parcourir, et cela, nous l'avons dit, à cause des difficultés de toutes sortes qu'ils rencontraient presque à chaque pas.

Vers midi, Pétrus, qui avait fait de nombreuses haltes, afin de ménager, comme il le disait galamment, les petits pieds de la charmante voyageuse qu'il escortait, annonça à madame de Steinfeld que, dans un quart d'heure ou vingt minutes, au plus tard, elle arriverait à Voyères.

— Et, si vous voulez vous assurer de la vérité de mes paroles, ajouta-t-il en s'inclinant respectueusement, vous n'avez qu'à jeter un regard au-dessous de vous. Le village est situé dans la vallée au-dessus de laquelle nous marchons dans ce moment-ci. Nous n'avons plus qu'à descendre.

— Je vous remercie, monsieur, répondit doucement la baronne. Je vous avoue que j'ai grande hâte d'arriver ; je suis brisée de fatigue.

— N'est-ce que de fatigue, madame? demanda timidement Pétrus, de son accent lugubre et dont les yeux brillaient comme des charbons ardents derrière les verres de ses lunettes.

— Quel autre motif pourrais-je avoir de désirer atteindre ce village, monsieur ? Vous n'avez cessé d'avoir pour moi les plus grands égards, de me traiter avec la plus généreuse courtoisie.

— Hélas ! madame, en agissant ainsi, je n'ai fait que mon devoir, comme cette nuit je l'avais fait lorsque je vous ai accusée avec tant de force.

— Ne parlons plus de l'horrible scène de cette nuit, monsieur, reprit-elle avec un léger frémissement, en même temps qu'une pâleur livide couvrait son visage. Laissez-moi ne me souvenir de cette scène que comme d'un effroyable cauchemar.

— Oh ! je le vois, madame ! fit-il en secouant la tête d'un air désespéré, jamais vous ne me pardonnerez ce cauchemar, ainsi que vous le nommez, dont, malgré moi, je suis une des principales causes.

— Vous pardonner, vous, monsieur ! s'écria-t-elle vivement, vous qui, depuis ce matin, vous êtes montré si bon, si serviable, qui avez veillé sur moi avec tant de sollicitude !

— Ce matin ! répéta Pétrus d'un ton lamentable ; mais cette nuit ?

— Oh ! monsieur, fit-elle en feignant de ne pas entendre cette question afin de ne pas avoir à y répondre, c'est moi, au contraire, qui vous prie de me pardonner. Croyez-le, je ne me souviendrai que d'une chose : de la bonté que vous n'avez cessé de me témoigner pendant la longue route que nous avons faite ensemble. Conservez de moi, monsieur Pétrus, un souvenir aussi bon que celui que je conserverai de vous. Je ne demande rien autre au ciel.

— Madame ! s'écria Pétrus avec élan, vous êtes un ange, voilà mon opinion.

— Un ange déchu ! fit-elle en souriant tristement.

— Bast ! que fait cela, dans les circonstances où nous nous trouvons, madame ? Qui de nous n'a pas commis de faute ? Heureux celui qui peut les réparer aussi noblement que vous l'avez fait. Je le répète, fâchez-vous si vous le voulez, vous êtes un ange et je vous le dis sans tergiverser. Vous avez maintenant en moi un ami dévoué. Pétrus Weber, étudiant en médecine, né à Strasbourg, vous appartient corps et âme. Vous en ferez ce qu'il vous plaira, tant pis ; et à la première occasion, vous verrez ce dont je suis capable pour ceux que j'aime.

Là-dessus, il tira trois ou quatre énormes bouffées de sa pipe, ouvrit l'immense compas de ses longues jambes et se remit à la tête de sa troupe.

Quelques minutes plus tard, nos trois voyageurs entraient dans Voyères.

Le village était désert.

Les Prussiens y étaient plusieurs fois passés et avaient laissé des traces malheureusement trop visibles de leurs nombreuses visites.

Une seule maison avait conservé ses habitants.

Cette maison était l'auberge, désignée de loin aux yeux des voyageurs par une grande plaque en tôle grinçant sur une tringle et représentant un soldat de l'ancienne garde impériale, avec cet exergue : *Au grand Vainqueur.*

Les Allemands, cela est de notoriété publique, sont le peuple le plus spirituel du monde.

Dédaignant sans doute de décrocher l'enseigne, ils avaient effacé la tête du soldat et l'avaient remplacée par un énorme casque de prussien dessiné au crayon blanc et au crayon jaune.

Rien n'était plus risible que cette enseigne ainsi accoutrée, d'autant plus que, pour qu'on ne s'y trompât pas, vu qu'ils n'avaient pas touché à l'uniforme, ils avaient ajouté le mot Wilhem, après celui de vainqueur ; ce qui formait : *Au grand vainqueur Guillaume.*

Devant la porte de l'auberge se tenait un gros homme de mine joviale, fumant dans une énorme pipe.

En général, et cela a été trop de fois prouvé pendant cette guerre, dans les villages, les cabaretiers et les aubergistes sont fort coulants au point de vue politique.

Ils vendent avec autant d'enthousiasme aux ennemis qu'aux amis, pourvu qu'on les paye grassement.

L'aubergiste dont nous parlons appartenait à cette catégorie des patriotes platoniques.

Il reçut les arrivants avec les démonstrations de plaisir les plus vives, et se mit immédiatement, lui et toute son auberge, à leur disposition.

Les francs-tireurs s'établirent sur la place, après toutefois avoir eu la précaution de placer des sentinelles à toutes les issues du village, afin d'éviter toute surprise.

La voiture de Mme de Steinfeld était remisée sous un hangar, dans la cour de l'auberge.

Le cocher et le valet de chambre de la baronne, qui n'espéraient plus revoir leur maîesse, accoururent joyeusement à sa rencontre dès qu'ils l'aperçurent.

Mais leur joie se changea en épouvante lorsqu'ils reconnurent les francs-tireurs qui l'escortaient.

Michel eut toutes les peines du monde à les rassurer et à leur faire comprendre qu'ils étaient libres et qu'on n'avait nullement l'intention de les inquiéter.

— Venez, dit M{ᵐᵉ} de Steinfeld en s'adressant aux deux jeunes gens, et se dirigeant vers la voiture. Enlevez le timon, dit-elle au cocher.

Celui-ci la regarda avec surprise, presque avec effarement.

— Faites ce que je vous ordonne, reprit M{ᵐᵉ} de Steinfeld.

Le cocher obéit.

— Maintenant, dévissez le timon.

Le cocher lui lança un regard désespéré.

Le timon était à deux endroits différents garni de cuir.

Le cocher, contraint d'obéir et surtout remarquant que Michel caressait négligemment la crosse d'un revolver passé à sa ceinture, prit, comme on dit vulgairement, son courage à deux mains et dévissa le timon qui se partagea en deux parties presque égales.

La brisure était parfaitement dissimulée par le cuir qui le garnissait.

Ce timon, assez gros, était creux dans la partie qui s'accrochait à la voiture.

Lucien fit basculer le morceau et un long étui de fer-blanc tomba sur le sol.

— Voici ce que je m'étais engagée à vous remettre, messieurs, dit la baronne en présentant l'étui à Michel.

Celui-ci le prit en s'inclinant, puis il se pencha vers Lucien et lui dit quelques mots à voix basse.

Le jeune homme fit un geste d'assentiment et il s'éloigna en courant.

— Græben, dit la baronne, revissez le timon et remettez-le en place.

Le cocher obéit.

Au même instant Lucien rentra dans la cour, accompagné de Pétrus.

Deux francs-tireurs venaient par derrière.

— Madame, dit alors Michel, vous avez loyalement tenu la promesse que vous nous avez faite et je vous en remercie.

— Pas encore tout à fait, reprit-elle en souriant et en lui présentant une petite clef curieusement travaillée. Prenez cette clef ; elle vous servira à ouvrir cette boîte que je vous ai remise. Vous trouverez dedans toutes les pièces dont je vous ai parlé.

— Merci encore, madame ; sergent Pétrus ?

— Mon commandant ? répondit l'étudiant en portant la main à son chapeau.

— Emparez-vous de ce drôle, reprit Michel en lui désignant le cocher. Faites-le bâillonner et garrotter solidement. Vous m'en répondez ?

— Oui, mon commandant.

— Allez, vous autres.

L'ordre fut exécuté en quelques secondes.

— Monsieur, que signifie ? s'écria la baronne.

— Permettez, madame ; il n'y a rien là qui doive vous effrayer, au contraire. Ce coquin a une face de traître qui ne m'inspire aucune confiance. Il est évident pour moi que, si vous le conserviez près de vous, au premier poste prussien, il vous dénoncerait. C'est donc dans votre intérêt même que je l'ai fait arrêter. Mais, rassurez-vous, il ne lui arrivera rien de désagréable. Il restera prisonnier jusqu'à la fin de la guerre, voilà tout.

— Vous me le promettez.

— Je vous le jure, madame.

Pétrus, les francs-tireurs et le cocher s'étaient retirés.

Michel appela l'aubergiste.

Celui-ci arriva suivi du valet de chambre de M{ᵐᵉ} de Steinfeld, qui, occupé à refermer les malles de sa maîtresse, qu'il avait ouvertes, au cas où elle aurait eu besoin de quelque chose, ignorait complétement ce qui venait de se passer.

— Wilhelm, dit la baronne, vous savez conduire?

— Oui, madame la baronne.

— C'est bien. C'est vous qui conduirez. Dites qu'on attelle, je pars à l'instant.

— Je ferai respectueusement observer à madame la baronne que Grœben...

— Grœben n'est plus à mon service. Il vient d'être arrêté. Hâtez-vous, je suis pressée.

— Et moi donc! murmura le valet de chambre d'un air effaré.

Et il s'empressa d'aller harnacher les chevaux, aidé par l'aubergiste, qui, croyant sans doute à un sort semblable à celui du malheureux cocher, déploya le plus grand zèle pour s'attirer la bienveillance des francs-tireurs.

Dix minutes plus tard la voiture était attelée et la baronne prête à partir.

Michel lui offrit galamment la main pour monter en voiture.

Mme de Steinfeld conserva un instant cette main dans la sienne, et, se penchant gracieusement vers le jeune homme :

— Monsieur Michel Hartmann, lui dit-elle avec une émotion contenue, je vous dois la vie ; je ne l'oublierai jamais. Je sais beaucoup de choses sur votre famille ; des choses qui ont pour vous le plus vif intérêt. Le temps me manque pour m'expliquer plus clairement. Nous nous reverrons, monsieur Michel Hartmann. Nous nous reverrons plutôt peut-être que vous ne le supposez. Et alors je vous prouverai, je l'espère, que je sais être reconnaissante.

— Madame! s'écria le jeune homme, parlez, au nom du ciel! Que voulez-vous dire?

— Cela m'est impossible en ce moment, monsieur ; mais fiez-vous à moi. Au revoir, monsieur Michel Hartmann ; soyez béni, vous avez rendu une mère à son fils. Wilhelm, route de Nancy.

Michel était resté immobile à la même place et comme frappé de stupeur, suivant d'un œil égaré la voiture qui emportait celle qui peut-être aurait pu lui donner des renseignements précieux sur les personnes qui lui étaient si chères.

VII

LES ANABAPTISTES DES VOSGES.

Nous abandonnerons provisoirement les francs-tireurs d'Altenheim que du reste nous ne tarderons pas à retrouver, et nous reviendrons à quelques-uns des personnages importants de cette histoire que nous avons semblé négliger trop longtemps : cependant, loin de quitter les Vosges, nous pénétrerons au contraire plus profondément dans leurs inextricables défilés, et nous ferons faire au lecteur plus ample connaissance avec cette contrée à la fois si pittoresque et si poétique et pourtant si ignorée encore malgré les événements dont elle a été le théâtre pendant l'horrible guerre que nous venons de subir.

Au fur et à mesure qu'on gravit les sentes sinueuses des montagnes, on sent la température se modifier, en même temps que la végétation se transforme graduellement ; parvenu à une certaine hauteur, on voit la végétation dépérir et affecter des formes languissantes et de plus en plus rachitiques ; d'abord les branches des hêtres et des sapins s'enveloppent d'une mousse compacte qui bientôt envahit l'arbre lui-même et le couvre comme d'un sombre manteau ; puis, à quelques mètres plus haut, la taille des arbres diminue, les mélèzes et les sapins s'affaissent de plus en plus, et finissent enfin par disparaître entièrement ; le hêtre ne forme plus que de maigres buissons ; seul, le genévrier montre une persévérance opiniâtre et lutte désespérément contre la température élevée des hautes cimes ; là où succombent misérablement géants de la forêt, le genévrier déploie gueilleusement sa tige lézardée, blanchâtre scrofuleuse, sa morne et âpre verdure ; bout sur les hautes croupes, on l'aperçoit emblant au loin, dans le vent triste et monotone dont il semble marquer la morsure aciale.

Le genévrier marque l'extrême limite de région qui ne produit plus que des herbes vaces ; en effet, là commencent les pâturages embaumés, où les lichens et les mousses disputent le sol aux myrtilles rabougris ortant des baies roses et blanches comme es pommes de calville ; puis aux plantes arfumées des hautes terres, la gentiane, 'athamante, le laitron des Alpes, la potentille et le mille-feuilles ; ainsi que nous l'avons dit précédemment, les Vosges ne se terminent oint par des pics, par des rochers ou des itons, mais bien par de véritables dômes ; eurs sommets forment de vastes pacages, aussi riches, aussi veloutés et aussi moelleux que les plus riches tapis.

En Alsace et en Lorraine, on donne à ces dômes le nom de *chaume*, terme dérivé du latin *calvi montes*, ou monts chauves ; en effet, ils ont réellement l'aspect de crânes dépouillés ; pendant huit mois ils sont complétement recouverts d'une épaisse couche de neige qui cache leur nudité.

Alors ils se transforment en véritables déserts mornes et désolés, en steppes silencieux et glacials, dans lesquels nul, à moins de nécessité absolue, ne se hasarde, car on ne saurait les traverser sans s'exposer aux plus sérieux dangers.

Parmi les chaumes nombreux qui s'étagent sur les flancs boisés des Vosges, surgissent çà et là, comme des échelons gigantesques conduisant aux hautes cimes, des plateaux inférieurs émergeant du sein des forêts séculaires, gracieuses et riantes oasis créées par une culture opiniâtre et intelligente au milieu de ces solitudes grandioses.

Le 24 septembre 1870, vers trois heures de l'après-midi, une petite troupe composée de sept personnes, quatre femmes et trois hommes, ou plutôt deux hommes et un enfant, car le troisième avait douze ou treize ans tout au plus, et formant une espèce de caravane, suivait péniblement les méandres sans nombre d'un large sentier tracé à travers une épaisse forêt qui couvrait les pentes abruptes du Donon.

L'enfant servait de guide à la caravane et marchait à une vingtaine de pas en avant d'elle ; derrière lui venaient les femmes, montées sur des ânes, soigneusement enveloppées dans leurs mantes, dont le capuchon était rabattu sur leur visage, soit pour se garantir du froid assez vif dans ces parages élevés, soit pour ne pas être reconnues ; du reste, le costume de ces voyageuses, en tout semblable à celui adopté par les paysannes de l'Alsace, n'avait rien qui pût attirer l'attention sur elles.

Les deux hommes, également vêtus comme les paysans alsaciens, marchaient à quelques pas en arrière ; seulement, sans doute à cause de la guerre, chacun d'eux portait sur l'épaule un fusil remington, avait une paire de longs revolvers à six coups passés à une ceinture de cuir qui supportait en outre un sabre baïonnette et une cartouchière gonflée de cartouches, et portait en bandoulière, de l'épaule droite au flanc gauche, une large gibecière bourrée probablement de provisions de toutes sortes.

Après avoir traversé d'épais massifs de pins lariccos, dont les branches si élégamment disposées par la nature laissaient pendre leur verdure comme des franges, les regards des voyageurs, jusque-là resserrés autour d'eux par d'étroites murailles de feuillages, s'étendirent en liberté et embrassèrent toute l'étendue d'une immense clairière.

Ils avaient atteint le plateau de Salm, un des plus pittoresques et des mieux cultivés de cette région alpestre.

Devant eux, éloignées de quelques centaines de mètres tout au plus, une vingtaine de maisons dessinaient leurs toitures au-dessus des arbres fruitiers.

— Où sommes-nous donc, ici? demanda une des dames ; mon Dieu, quel charmant village !

— Quel calme ! quelle tranquillité ! s'écria une seconde en relevant son capuchon d'un geste gracieux et laissant apercevoir un délicieux visage de jeune fille, ressemblant à un pastel de Latour.

— C'est un coin du paradis terrestre ajouta en riant sa compagne, aussi jolie et aussi jeune qu'elle.

— Eh ! petit ! cria la dame qui la première avait parlé, et faisant un signe amical à son jeune guide, viens ici, mon enfant.

— Me voici, madame ; que désirez-vous? demanda l'enfant en s'approchant.

— Savoir où nous sommes.

— Sur le plateau de Salm, madame.

— Très-bien ; mais quel est ce village ?

— Ça, reprit-il en riant, c'est un hameau d'anabaptistes ; puisque je vous ai dit que nous étions sur le plateau de Salm.

— Eh bien ?

— Bon, vous ne savez donc pas que les anabaptistes habitent le plateau ; c'est eux qui l'ont défriché tout entier ; c'est de drôles de chrétiens, allez.

— Je te remercie de ce renseignement, mon enfant ; j'ignorais ce que tu viens de me dire ; et maintenant, où nous conduis-tu ?

— Où vous voudrez, madame ; mais la journée est bien avancée pour aller plus loin aujourd'hui, il vaudrait mieux nous arrêter ici.

Tous les voyageurs avaient fait halte et prêtaient attentivement l'oreille à cette conversation.

— Sommes-nous donc éloignés du lac de la Maix ? reprit la dame.

— Près de trois lieues, madame ; les bêtes sont fatiguées et le chemin est difficile, surtout dans cette saison.

— Comment faire alors ? répondit-elle d'un air contrarié.

— Je vous l'ai dit, madame, vous arrêter ici.

— Je ne vois pas d'auberge.

— Frappez à n'importe quelle maison, vous serez reçus non-seulement avec empressement, mais encore avec joie ; les anabaptistes sont très-hospitaliers.

— Cependant il me semble, fit-elle en souriant, que nous sommes bien nombreux pour nous hasarder ainsi.

— Bah ! essayez toujours, vous verrez, madame, je les connais, moi ; quand je vous dis que ce sont de drôles de chrétiens.

— Cet enfant a raison, madame, dit un des hommes en s'approchant ; suivez son conseil, votre demande sera bien accueillie.

— Allons donc, puisque vous le voulez, fit-elle.

— A quelle porte faut-il frapper ? demanda l'enfant.

— A celle qui te plaira.

—A celle-ci alors, reprit-il en désignant la plus rapprochée.

— Soit, à celle-ci.

La caravane se remit en route, toujours guidée par l'enfant, qui avait pris sa place à l'avant-garde, et se dirigeait résolument vers la maison que lui-même avait désignée et qui, en effet, était la première du village.

Cette maison avait un aspect des plus avenants ; elle se composait de deux étages surmontés d'un grenier ; un encadrement de grès rose décorait les cinq fenêtres de façade et la porte ; les montants et le linteau de celle-ci offraient même de légères sculptures fort bien exécutées ; des tuiles rouges couvraient solidement cette demeure et l'abritaient contre les pluies de l'automne, les neiges abondantes de l'hiver et la fureur des vents de l'équinoxe.

Devant la porte de cette maison se tenait un vieillard de haute taille, plus qu'octogénaire, mais vert encore, dont les cheveux

Devant la porte de cette maison, se tenait un vieillard de haute taille... (Page 64.)

d'une blancheur éclatante tombaient en grosses boucles sur ses épaules et se mêlaient à une barbe non moins blanche qui descendait jusque sur sa poitrine ; cet homme, aux traits accentués, à la physionomie douce et bienveillante, semblait attendre, le sourire sur les lèvres, l'arrivée des voyageurs.

Son costume de couleur peu voyante était de la plus grande simplicité.

— Soyez les bienvenus dans ce coin ignoré du monde, dit-il d'une voix douce, en se découvrant et s'inclinant devant les dames, vous êtes étrangers, puis-je vous être bon à quelque chose ?

— Nous sommes fatiguées d'une longue route, faite par de mauvais chemins, répondit une des dames en rendant son salut au vieillard : nous sommes en quête d'un logis pour nous abriter cette nuit.

— Ne cherchez pas davantage, ma maison vous est ouverte. Je remercie Dieu qui m'a favorisé en me permettant de vous offrir chez moi une hospitalité que m'envieront tous les autres habitants de ce village; je me nomme Johann Shinner; ma maison sera la vôtre pendant tout le temps que vous daignerez l'honorer de votre présence.

— Je vous adresse mes sincères remerciements pour moi et pour les personnes qui m'accompagnent, monsieur Shinner, répondit la dame avec un sourire de bonne humeur; mais nous n'abuserons pas, du moins je l'espère, de votre touchante hospitalité, et pourtant, ajouta-t-elle à demi-voix et comme si elle se fût parlée à elle-même, peut-être ne devrions-nous pas l'accepter.

Le vieillard feignit de ne pas avoir entendu ces paroles, et, comme la caravane était arrivée devant la porte, il offrit la main à la jeune femme pour mettre pied à terre.

Les voyageurs abandonnèrent leurs montures aux soins d'un métayer qui s'était hâté d'accourir et qui les emmena et les conduisit à une écurie attenante à la maison.

— Venez, dit le vieillard, entrez non chez moi, mais chez vous; encore une fois, en franchissant le seuil de cette modeste habitation, soyez les bienvenus. Les hôtes sont les envoyés de Dieu.

Ils pénétrèrent alors dans la maison; l'intérieur répondait à l'extérieur; tout, dans cette demeure, respirait le calme, le bien-être, parlait aux yeux comme à l'âme, et donnait envie d'y fixer son séjour et d'y chercher la solitude et le repos.

La salle où les voyageurs avaient été introduits était de moyenne grandeur, meublée avec la plus grande simplicité: les murs blanchis à la colle, les lambris d'appui en bois de hêtre, le parquet de sapin où l'on n'aurait pu découvrir une tache; les bancs, la table si souvent lavée, que la surface en était devenue polie comme par le frottement de la pierre ponce, la blancheur des draps au fond de l'alcôve, la netteté des vitres dans leurs cadres de plomb, tout était reluisant de propreté et faisait hautement l'éloge de la ménagère.

Par toutes les fenêtres ouvertes en ce moment, on apercevait un splendide paysage se déroulant comme un immense panorama jusqu'aux extrêmes limites de l'horizon doré par les derniers rayons du soleil couchant et se noyant peu à peu dans les brumes du soir.

Après s'être assuré que les voyageurs s'étaient tous assis:

— Femme, dit le vieillard en élevant la voix, sers-nous une collation en attendant le repas du soir.

Une porte intérieure s'ouvrit et une femme de soixante-cinq à soixante-six ans parut aussitôt le sourire sur les lèvres; cette femme avait dû être fort belle lorsqu'elle était jeune; sa physionomie avait une expression de douceur et de bienveillance qui charmait tout d'abord.

Après avoir salué gracieusement les arrivants, elle se mit avec une activité extrême en devoir de leur servir un goûter.

Du beurre frais, du miel en rayons, du pain bis, du vin blanc dont les bouteilles dénonçaient la vieillesse, quelques fruits mûrs couvrirent bientôt la table et composèrent cette simple collation, que le maître de la maison compléta en allant chercher lui-même à la cave d'excellente eau-de-vie de myrtille qu'il posa sur la table avec un sourire de bonne humeur.

Les Alsaciens apprécient comme ils le doivent cette eau-de-vie dont le parfum, la délicate saveur, l'étonnante limpidité, flattent l'imagination presque autant que le goût, et qui est extraite du myrtille, arbrisseau qui croît sur les hautes montagnes, et dont les baies ont la forme et la grosseur des prunelles, mais un goût légèrement sucré.

Cette eau-de-vie est une boisson réellement nationale pour les Alsaciens et les Lorrains, et elle est, à juste titre, fort appréciée des véritables connaisseurs.

Lorsque les voyageurs se furent restaurés,

les deux hommes, après avoir échangé quelques paroles à voix basse avec la dame qui, jusque-là, avait constamment porté la parole au nom de tous, prirent leur fusil et sortirent.

Les trois autres dames furent emmenées par la femme de l'hôte dans les chambres, préparées en toute hâte pour les recevoir, et la jeune femme demeura seule avec le vieillard ; tous deux assis chacun à un angle de la cheminée dans laquelle flambait un bon feu.

La jeune femme, le corps penché sur le dossier de sa chaise, la tête baissée sur la poitrine, semblait plongée dans de profondes réflexions ; Johann Shinner l'examinait avec une expression de tristesse compatissante ; plusieurs fois il ouvrit la bouche pour lui adresser la parole ; mais, chaque fois, les mots expirèrent sur ses lèvres sans qu'il osât les prononcer, craignant sans doute d'être importun ; tout à coup la jeune femme redressa la tête, et, se penchant avec un sourire contraint vers le vieillard :

— Maître Johann Shinner, lui dit-elle, vous habitez depuis longtemps ce pays?

— J'y suis né, madame, et mon père avant moi.

— Avez-vous des enfants?

— J'en ai deux, madame, deux grands et beaux garçons.

— Ils ne sont donc pas ici en ce moment, que je ne les ai pas vus?

— Hélas! non, madame, répondit le vieillard d'une voix triste ; ils sont à l'armée.

— Tous deux?

— Oui, madame.

— Dans quel corps servent-ils?

— Dans le train des équipages.

— Ah!

Il y eut un instant de silence : ce fut la jeune femme qui le rompit.

— Vous connaissez bien ce pays sans doute? demanda-t-elle.

— Depuis ma naissance je l'ai parcouru à toute heure de jour et de nuit ; je connais jusqu'au moindre buisson.

— Vous savez alors où se trouve le lac de Maix?

— Sans doute, madame.

— Est-il bien éloigné de ce village?

— Deux ou trois lieues à peine ; c'est-à-dire trois quarts d'heure pour un montagnard.

— Pas davantage?

— Non, madame.

— Avant que d'arriver à ce lac, ne trouve-t-on pas les ruines d'un ancien prieuré?

— Pardon, madame, les ruines dont vous parlez se trouvent au bord même du lac, sur la rive droite ; du reste elles sont peu importantes aujourd'hui, dans quelques années elles auront complétement disparu.

— Vous avez raison, maître Johann Shinner, je me suis trompée ; je ne sais pourquoi je vous ai parlé de ces ruines qui, je vous l'avoue, ne m'intéressent que médiocrement. Il ne se trouve aucun village sur la route qui mène d'ici au lac?

— Aucun, madame.

— Ainsi partout des forêts, une solitude complète?

— Des forêts, oui, madame ; mais, quant à la solitude, elle n'est pas aussi complète que vous le supposez.

— Comment cela?

— A une lieue et demie d'ici, environ, se trouve une maison forestière.

— Une maison forestière, qu'entendez-vous par ce nom?

— Je veux dire une maison habitée par le garde de la forêt, et qui, en même temps, sert d'hôtellerie aux rares voyageurs que le hasard conduit de ce côté.

— Comment! il y a une hôtellerie si près d'ici?

— Oui, madame, mais fort incommode ; elle est tenue par le garde forestier, les maigres bénéfices qu'elle lui procure l'aident à vivre et à élever sa famille ; vous savez sans doute que les gardes forestiers sont fort peu payés, aussi leur permet-on de se livrer à un modeste commerce.

— Je l'ignorais; pauvres gens! Ainsi le Prayé n'est qu'à une lieue et demie de ce village.

— Vous savez le nom de cette maison? s'écria-t-il avec surprise.

— Ne l'avez-vous pas prononcé vous-même? fit-elle en rougissant.

— Je ne le crois pas, madame.

— C'est juste. Je me le rappelle à présent; c'est l'enfant qui nous a amenés ici, qui, un peu avant notre arrivée, m'a dit ce nom; mais je croyais que le Prayé était un village, ou tout au moins un hameau.

— Non, madame, c'est tout simplement une maison forestière.

— Merci, dit-elle.

Et elle retomba dans son mutisme.

— Vous ne désirez rien savoir de plus, madame? demanda le vieillard au bout d'un instant.

La jeune femme releva la tête, le regarda avec une expression singulière pendant deux ou trois secondes, et, semblant soudain prendre un parti :

— Tenez, maître Johann, lui dit-elle avec un charmant sourire, excusez-moi, j'ai dû tout à l'heure vous paraître bien extraordinaire avec les questions que je vous ai adressées, et qui n'avaient pas le sens commun, n'est-ce pas? Tenez, je veux être franche avec vous, et cela d'autant plus que j'ai à vous demander un service.

— Le mensonge est toujours un mauvais moyen, madame.

— Le mien a son excuse, maître Johann; nous vivons à une malheureuse époque où la plus grande prudence est indispensable; je ne voudrais pas par ma présence amener le malheur et la ruine dans votre paisible demeure.

— Est-ce donc pour cela, madame, que lorsque j'ai eu l'honneur de vous offrir l'hospitalité chez moi, vous avez dit à voix basse que peut-être vous feriez mieux de ne pas accepter.

— Ah! vous avez entendu?

— Vous le voyez, madame; mais ceci importe peu; je suis un homme simple, je me suis toujours efforcé de remplir mes devoirs envers les autres comme envers moi-même; vous avez, dites-vous, un service à me demander? Parlez, madame, et, si ce service n'a rien qui puisse blesser ma conscience, je m'efforcerai de vous satisfaire.

— Je n'attendais pas moins de vous, maître Johann; quant à ce que j'ai à vous demander, rassurez-vous, je n'exigerai rien qui puisse froisser votre juste susceptibilité; je suis retenue seulement par la crainte d'appeler le malheur sur votre tête; et cela pour prix de votre bonté et de votre hospitalité si cordiale.

— Le malheur est le bienvenu, madame, lorsqu'il marche à la suite du devoir; parlez donc sans crainte, je vous écoute.

— Avant tout laissez-moi vous dire qui je suis; lorsque vous saurez mon nom et...

— Permettez-moi de vous arrêter là, madame, interrompit assez vivement le vieillard; vous et les personnes qui vous accompagnent, vous êtes des voyageurs auxquels j'ai été heureux d'offrir l'hospitalité : je n'ai pas besoin d'en savoir davantage; j'ajouterai que peut-être, dans notre intérêt commun, et en prévision des événements qui peuvent survenir, vaut-il mieux que je conserve l'ignorance la plus complète à ce sujet, ce qui me permettra d'agir avec la plus entière liberté à propos du service que vous attendez de moi.

— Vous avez raison, maître Johann, répondit la jeune dame après avoir réfléchi pendant deux ou trois minutes; je viens donc au fait: voici en deux mots ce dont il s'agit : il faut que ce soir, à dix heures et demie au plus tard, je sois au Prayé.

— Rien de plus facile, madame.

— Pour vous, oui ; mais pour moi, qui suis femme et qui ignore la route...

— Alors, c'est un guide que vous désirez ?

— Oui, maître Johann, cela d'abord, et autre chose ensuite.

— Parlez !

— Premièrement, tout le monde doit ignorer cette petite expédition. Possédez-vous ici un moyen de transport quelconque, un cheval, une charrette ?

— Rien de tout cela, madame ; d'ailleurs ni chevaux, ni charrettes ne passeraient par les sentiers qui conduisent de ce village au Prayé.

— C'est une raison. J'irai donc à pied, puisqu'il le faut ; je ne vous demande plus qu'un silence absolu sur cette promenade, un guide et un costume masculin, les habits que je porte sont assez incommodes pour courir à travers les buissons.

— Nul ne connaîtra votre excursion, madame, je m'y engage ; quant aux vêtements, vous les aurez avant une heure.

— Et le guide ?

— Ce sera moi, si vous le permettez, madame ; personne, je vous le répète, ne connaît les montagnes de ce pays aussi bien que moi.

— Je vous remercie, maître Johann ; mais ne craignez-vous pas qu'à votre âge une aussi longue course ne soit au-dessus de vos forces ? songez qu'il nous faudra revenir.

— Nous reviendrons, madame, ne vous inquiétez pas de cela, répondit-il en riant, et le plus fatigué de nous deux ne sera probablement pas moi ; je fais chaque jour de bien plus longues courses pour visiter mes pâquis.

— Soit, vous m'accompagnerez, maître Johann, à quelle heure partirons-nous ?

— Il est important, n'est-ce pas, madame, que vous soyez au Prayé avant dix heures et demie ?

— Non-seulement important, mais indispensable, maître Johann.

— Fort bien, madame ; il est quatre heures, à six nous souperons, à huit heures et demie nous nous mettrons en route, si cela vous convient ; nous aurons plus de temps qu'il ne nous en faudra pour arriver sans trop nous presser au Prayé à l'heure que vous désirez.

— C'est convenu ; je vous recommande mon costume.

— Avant une heure vous l'aurez, madame.

— Maintenant, si vous voulez m'indiquer une chambre où je puisse prendre quelques instants de repos...

— Je suis à vos ordres, madame ; veuillez me suivre.

Le vieillard se leva et conduisit la jeune dame dans une chambre assez petite, simplement meublée où se trouvait déjà une autre voyageuse ; puis il se retira en laissant les deux dames seules.

Celles-ci demeurèrent un instant immobiles, le corps penché en avant et l'oreille aux écoutes ; puis, lorsque les pas du vieillard cessèrent de se faire entendre, la première occupante de la chambre s'approcha vivement de celle qui ne faisait que d'arriver.

— Eh bien ! chère maîtresse ? lui demanda-t-elle avec intérêt.

— Tout est arrangé et convenu ; c'est pour ce soir à huit heures et demie, répondit la jeune dame en s'asseyant sur une chaise placée près de la fenêtre.

— Vous accompagnerai-je, madame ?

— Non, Hélène, cela est impossible.

— Pourtant vous me l'aviez promis, madame, fit-elle d'un ton de reproche.

— Tu es folle, chère enfant, je ne t'ai pas dit un mot de cela ; d'ailleurs rassure-toi, je ne serai pas seule, notre hôte lui même, maître Johann, m'accompagnera.

— Belle protection, un anabaptiste !

— Un anabaptiste est un homme comme un autre, me semble ; j'en ai vu beaucoup en Allemagne.

— C'est possible, madame la comtesse, reprit la jeune fille d'un petit ton doctoral ;

mais il y a une grande différence entre les anabaptistes d'Allemagne et ceux de France.

— Voyez-vous cela ; ceux de ce pays seraient-ils de malhonnêtes gens ?

— Oh ! non. Ce sont au contraire les plus honnêtes gens du monde.

— Eh bien, alors, qu'as-tu à leur reprocher ?

— Rien, sinon que ce sont de tristes protecteurs pour une femme.

— Seraient-ils poltrons ? demanda en souriant la comtesse, que le lecteur a déjà sans doute reconnue, et qui n'était autre que Mme de Valréal.

Maintenant, comment Mme de Valréal avait-elle réussi à sortir de Strasbourg si étroitement enveloppé par l'armée allemande ? C'est ce que nous ne tarderons pas à expliquer.

— Poltrons, les anabaptistes ! se récria vivement la jeune fille, non pas, madame, ils sont très-braves au contraire.

— En effet, ceux que j'ai connus étaient réputés comme tels.

— Oh ! mais attendez, madame, leur courage ne ressemble en rien à celui de leurs coreligionnaires d'Allemagne ; c'est, si je puis m'exprimer ainsi, un courage qui ne doit rien à l'ardeur du sang, qui n'a rien de guerrier et est au contraire tout moral.

— Tu sais que je ne te comprends pas du tout, fit la comtesse en souriant.

— C'est cependant bien simple, madame, voulez-vous que je vous l'explique ?

— Je ne demande pas mieux ; mais je suis curieuse de savoir qui t'a rendue si savante sur ce sujet.

— Karl Brunner, madame ; il paraît qu'il s'est trouvé en rapport à Strasbourg avec plusieurs anabaptistes des Vosges.

— Très-bien ; maintenant que je connais ton professeur, communique-moi les renseignements qu'il t'a donnés.

— Vous savez sans doute, madame, que les anabaptistes d'Allemagne sont sectaires de Carlostadt, Munzer et Jean de Leyde, qui voulaient la lutte armée, la communauté de la femme, enfin toutes les jouissances de la vie.

— Je sais cela ; est-ce que ceux-ci ne sont pas de même ?

— Oh ! non, madame, les anabaptistes de ce pays, sont nommés anabaptistes de Hollande ; ils sont sectaires de Menno Simonis, de là le nom de Mennonites, sous lequel on les désigne souvent. Ce sont des hommes simples, bons, et qui s'appellent eux-mêmes avec orgueil les *chrétiens sans défense*, parce qu'un article de leur foi leur interdit de porter les armes et d'opposer la force à la force ; il leur est ordonné de subir sans résister ou même se plaindre, les plus grandes injustices, et de ne répondre que par la douceur et la plus complète abnégation aux mauvais traitements, aux châtiments injustes, enfin aux vexations de toutes sortes qu'il plairait à leurs ennemis de leur infliger avec ou sans raison.

— Tu es sûre que cela est ainsi ?

— Oui, madame, Karl Brunner me l'a affirmé.

— Rien ne prouve qu'il ne se soit pas trompé, d'autant plus que maître Johann m'a assuré que ses deux fils servaient en ce moment dans les rangs de l'armée française.

— Cela ne prouve rien, madame.

— Comment ! cela ne prouve rien qu'ils soient soldats ?

— Certainement, madame ; tous les soldats ne se battent pas, ceux qui font, par exemple, le service d'infirmiers dans les ambulances, ou qui servent dans le train des équipages, sont considérés comme non-combattants.

— Je crois, en effet, me rappeler que notre hôte m'a dit que ses fils faisaient partie du train des équipages.

— Vous voyez bien que j'ai raison, madame, et maître Johann Shinner, puisque tel est son nom, sera pour vous un triste protecteur.

— Peut-être ; mais rassure-toi, chère enfant, mes précautions sont prises ; une fois arrivé au Prayé, j'y trouverai des défenseurs si j'en ai besoin.

— C'est possible, madame, vous devez savoir cela mieux que moi ; mais, pendant la route, si des malfaiteurs vous arrêtaient.

— Je ne crois pas aux malfaiteurs dans ces régions élevées ; je ne risque au pis-aller que de rencontrer quelque maraudeur égaré.

— Les maraudeurs sont souvent pires que les bandits de profession, madame.

— C'est vrai ; mais tu oublies que, pour ceux-là, j'ai une excellente paire de ravissants revolvers Galant, ces délicieux bijoux longs comme le doigt qui se portent dans les poches du gilet, et dont les balles percent à quinze pas une planche de chêne de vingt centimètres d'épaisseur ; tu les connais mes revolvers Galant, n'est-ce pas ? Eh bien, sois tranquille, je les emporterai avec moi, et je te promets que, le cas échéant, je n'hésiterai pas à m'en servir.

— Vous oseriez tuer un homme, madame ?

— Chère petite, répondit la comtesse en souriant, les proverbes sont la sagesse des nations ; les gens du peuple en France disent qu'il vaut mieux tuer le diable que d'être tué par lui ; si l'on m'attaque, je me défendrai, ce sera tant pis pour celui qui se hasardera à vouloir m'arrêter. Ainsi, plus un mot sur ce sujet. Ma résolution est prise et tous tes raisonnements seraient inutiles ; comment se trouvent Mmes Walter ?

— La mère paraît assez bien, madame ; quant à Mlle Charlotte, elle semble plus triste et plus inquiète que jamais.

— Pauvre enfant ! murmura la comtesse avec un soupir étouffé, cela n'a rien d'étonnant, elle doit tant souffrir ; je te recommande, Hélène, de continuer d'avoir pour elle les plus grands égards.

— Oh ! cela ne me sera pas difficile, madame, ces dames sont si bonnes.

— Surtout bouche close sur tout ce qui me regarde.

— Vous n'avez pas besoin de me recommander cela, madame ; d'ailleurs elles ne sont pas curieuses, ni la mère, ni la fille ne m'ont encore adressé de questions.

— Tant mieux ; dans tous les cas, tu sais ce que tu aurais à leur répondre.

— Parfaitement, madame, ne vous inquiétez pas de cela.

Le dîner eut lieu à cinq heures et demie ainsi que l'avait annoncé le maître de la maison ; le repas fut simple et surtout frugal ; il ne se composait que de pommes de terre cuites à l'eau, de lait, de miel ; seulement, en l'honneur des étrangers, on avait ajouté du pain bis, quelques flacons de vin blanc d'Alsace, et un énorme plat dans lequel se trouvait un *pfannkuchen*, qui n'est autre qu'une omelette dans laquelle entre de la farine ; enfin une salade et une large tranche de fromage de Gruyère, fabriqué dans le pays même, que les voyageurs trouvèrent exquis et qui l'était réellement.

Les deux hommes qui servaient d'escorte aux voyageuses entrèrent dans la salle vers la fin du repas ; ils saluèrent la compagnie, posèrent leurs fusils dans un coin, prirent les places réservées pour eux, et, sans prononcer une parole, ils commencèrent contre les mets posés à leur portée une attaque vigoureuse qui témoignait de leur grand appétit et de leur désir de rattraper le temps perdu.

Lorsque le dîner fut terminé, et il dura à peine une heure, les convives se levèrent et se préparèrent pour la nuit.

La maîtresse de la maison voulut absolument conduire les dames jusqu'à leur appartement, afin de s'assurer qu'il ne leur manquait rien.

Cependant, au milieu du brouhaha causé par la confusion des allants et des venants à la sortie de la table, la comtesse réussit à s'approcher de ses deux compagnons de voyage.

— Eh bien ? demanda-t-elle à voix basse à l'un d'eux.

— C'est fait, madame, répondit cet homme sur le même ton.

— Vous avez réussi ?
— Complétement ; madame la comtesse n'a rien à craindre.
— Je ne crains rien, fit-elle avec un sourire d'une expression étrange.
— Quels sont les ordres de madame la comtesse ?
— Les mêmes, rien n'est changé.
— Alors ?
— Alors vous pouvez agir.

Les deux hommes s'inclinèrent respectueusement, se reculèrent et se mêlèrent aux métayers qui encombraient la salle.

Mme de Valréal rejoignit les dames Walter, qui n'avaient pas remarqué ce court entretien, et quitta la pièce en causant avec elles.

Elle suivit ses deux compagnes dans leur chambre qui était contiguë à la sienne, demeura à peu près une demi-heure avec elles ; puis, prétextant la fatigue, elle leur souhaita le bonsoir et se retira chez elle, où Hélène l'attendait.

Pendant son absence, maître Johann avait apporté un paquet assez volumineux ; la comtesse le défit ; il renfermait un costume complet de paysan alsacien ; ces vêtements étaient presque neufs et fort propres ; ils avaient été faits, comme il était facile de le voir, pour un jeune homme de quinze à seize ans, au plus.

La comtesse fit un geste de satisfaction, alla fermer la porte à double tour afin de ne pas être dérangée, et, se tournant vers sa soubrette qui la regardait avec une surprise mêlée d'inquiétude ;

— Donne-moi tout ce qu'il me faut, Hélène, lui dit-elle ; il est important que je me rende méconnaissable ; surtout hâte-toi, nous n'avons pas un instant à perdre.

Sans répondre, la jeune fille ouvrit une malle, en tira plusieurs objets qu'elle déposa sur une table, puis elle se mit en devoir d'aider sa maîtresse à opérer sa métamorphose.

Jamais transformation ne fut plus complète, une actrice consommée n'aurait pu réussir mieux à se changer et à se rendre aussi entièrement méconnaissable.

A la place de la jeune femme, à la beauté fière et aristocratique, aux gestes gracieux et à la tournure élégante et remplie de majesté, il se trouvait un jeune gars d'une vingtaine d'années, au teint bruni et hâlé par le soleil, aux cheveux jaunes tombant en mèches plates et un peu ébouriffées sur les épaules, à la barbe naissante, aux yeux bridés dont les regards sournois ne se fixaient jamais, et aux mains sales ; le costume était à l'avenant, ainsi que la démarche traînante et un peu déhanchée.

La comtesse achevait de donner le dernier coup à son déguisement lorsqu'on frappa légèrement à la porte.

Sur un geste de sa maîtresse, Hélène se hâta d'ouvrir.

Maître Johann entra ; il ne put retenir un cri de surprise en apercevant la comtesse ; tout en elle était changé, jusqu'à sa voix ; ainsi qu'elle l'avait dit, elle était complètement méconnaissable.

— Il est l'heure, dit maître Johann.
— Je suis prête, répondit-elle, en glissant dans la poche de son gilet deux charmants revolvers-bijoux de Galant ; mais pourquoi tenez-vous ces deux bâtons à la main, maître Johann ?
— Il y en a un pour vous, madame ; vous en aurez besoin pendant la route ; et il lui en présenta un.
— Merci, dit-elle. Ne m'appelez plus madame pendant tout le cours de notre excursion, vous me nommerez Ludwig et vous me traiterez comme si j'étais un de vos métayers ; vous me le promettez, n'est-ce pas ?
— Oui, madame.
— Encore, fit-elle en riant.
— C'est la dernière fois ; mais, c'est égal, vous pouvez vous flatter d'être joliment déguisée tout de même ; comme vous voilà, vous ressemblez comme deux gouttes de lait à mon neveu Cornick, qui est *marquard*.

Mme de Valreut se costumant en jeune paysan. (Page 72.)

— Comment marquard! fit-elle avec étonnement; est-ce que votre neveu aurait pris les armes malgré sa religion?
— Je ne vous comprends pas, madame... mon neveu prendre les armes, lui, un anabaptiste!
— Je disais aussi... ignorez-vous donc que les Prussiens ont donné le nom de marquards à tous les paysans et ouvriers de vos montagnes, qui, poussés par leur patriotisme, ont abandonné leurs foyers et se sont réunis en troupes de francs-tireurs pour faire aux envahisseurs une guerre d'extermination; les francs-tireurs d'Altenheim et tous les autres partisans français qui défendent les défilés des montagnes, sont pour les Allemands, des *marquards*, c'est-à-dire des ouvriers révoltés; aussi ils les chassent comme des fauves, sont pour eux sans pitié et les mettent hors la loi.
— J'ignorais tout cela, madame, et je vous le répète, mon neveu est un garçon honnête, laborieux et qui a horreur du sang.

— Tant mieux ; alors je ne risquerai point d'être reconnue pour ce que je suis.

— Oh ! il n'y a pas de danger ; partons-nous ?

— Quand vous voudrez ; Hélène, chère enfant, couche-toi et dors bien en m'attendant.

— Non, répondit-elle en hochant la tête, je ne dormirai pas.

— Que feras-tu donc, alors ?

— Je prierai pour vous, chère maîtresse.

— Dieu est avec moi, tu le sais bien, lui murmura-t-elle à l'oreille en l'embrassant.

— En route, maître Johann, ajouta-t-elle en se tournant vers le vieillard.

— En route, mon petit Ludwig, répondit-il en riant.

— A la bonne heure, fit-elle.

Ils sortirent.

Hélène referma la porte, s'agenouilla devant le lit et pria tout en fondant en larmes.

VIII

LA MAISON DU FORESTIER

Maître Johann Shinner tenait à la main une lanterne, car une obscurité profonde régnait dans la maison dont tous les habitants paraissaient être plongés, depuis longtemps déjà, dans le plus profond sommeil.

Après avoir recommandé à voix basse à sa compagne d'étouffer autant que possible le bruit de ses pas, l'anabaptiste lui fit signe de le suivre ; tous deux traversèrent silencieusement plusieurs corridors, et atteignirent enfin une porte basse adroitement dissimulée dans la muraille.

Le vieillard l'ouvrit avec précaution, après avoir d'abord éteint sa lanterne qu'il cacha dans un endroit où il était certain de la retrouver à son retour.

Nos deux rôdeurs nocturnes avaient manœuvré avec tant de prudence, que rien n'avait bougé autour d'eux ; ils sortirent de la maison, la porte fut soigneusement refermée et ils se trouvèrent dans une ruelle qui, après quelques pas, aboutit à la campagne.

La nuit était tiède, l'atmosphère d'une pureté extrême, le ciel d'un bleu sombre brillanté d'un semis d'étoiles, étincelantes comme des diamants ; la lune presque dans son plein nageait dans l'éther comme une immense boule de calcium, et déversait à profusion sur la terre ses pâles et mélancoliques rayons, qui imprimaient un caractère fantastique et grandiose aux divers accidents du paysage ; un silence imposant régnait sur la montagne, dont les flancs et les pentes disparaissaient dans les flots de vapeurs s'élevant des vallées ; silence troublé, par intervalles, par les bruits monotones d'une scierie, et les abois saccadés des chiens aboyant à la lune ; au moment où l'anabaptiste et sa compagne quittaient la maison, la demie après huit heures sonna à un clocher lointain ; le bruit de l'airain répercuté par les échos, vint mourir tristement aux oreilles de la comtesse qui se sentit instinctivement frissonner.

Les deux voyageurs traversèrent en biais le plateau de Slam et ils descendirent une gorge étroite, près de laquelle était installée la scierie que nous avons citée plus haut et dont le mouvement continu produisait un bruit assez semblable à celui d'une respiration haletante et oppressée ; après avoir descendu près de dix minutes cette gorge qui se resserrait de plus en plus, les voyageurs atteignirent une épaisse forêt dans laquelle ils pénétrèrent par un sentier tortueux et à peine tracé, où la comtesse ne se dirigeait qu'avec une difficulté extrême à cause de l'obscurité presque complète qui avait remplacé la clarté mélancolique de la lune, dont les rayons ne parvenaient pas à percer l'épais dôme de feuillage qui enveloppait les deux aventuriers comme dans un cercle fatal ; les ténèbres s'épaississaient de plus en plus, la comtesse trébuchait à chaque pas contre les pierres et les souches qui se rencontraient sous ses pieds ; elle sentait, malgré toute sa résolution, une immense tristesse envahir tout son être, tristesse augmentée encore par le bruit des torrents invisibles, qui se précipitaient avec fracas le long des pentes.

La jeune femme frissonnait lorsqu'il lui fallait franchir ces torrents sur des ponts improvisés et composés de grosses branches recouvertes de terre, qu'elle sentait vaciller sous ses pieds ; l'eau, qui ruisselait des hauteurs, bondissait par-dessous ces ponts et se précipitait au fond des vallées sonores, enveloppant la comtesse d'un brouillard humide au milieu duquel elle disparaissait, et qui semblait vouloir l'enlever comme dans un tourbillon et la rouler d'abîme en abîme jusqu'au plus profond d'un gouffre insondable. Quant à maître Johann, il ne se préoccupait en aucune façon des terreurs dont sa compagne était assaillie ; il marchait d'un pas ferme et mesuré, sans jamais hésiter ; se dirigeant comme en plein jour, sans se retourner pour s'assurer que sa compagne le suivait et sans autrement songer à lui venir en aide dans les passages dangereux, où vingt fois la pauvre femme fut sur le point de perdre l'équilibre et de se briser contre les rochers. Ce n'était pas indifférence de la part du vieillard ; habitué à parcourir en tout temps ces parages dangereux, où il se serait dirigé à coup sûr les yeux fermés, il n'avait pas conscience des périls qu'ils présentaient aux étrangers, dont le pied n'était ni aussi ferme ni aussi aguerri que le sien.

Cependant la forêt s'éclaircissait, peu à peu les arbres s'éloignaient à droite et à gauche, bientôt ils finirent par disparaître, et les voyageurs se trouvèrent à l'entrée d'une espèce de couloir sauvage, encadré par des rochers nus et abruptes, teintés seulement par place d'un maigre lichen presque desséché ; au milieu de cette thébaïde désolée, une voie romaine pavée d'immenses dalles dessinait un large ruban noirâtre que les siècles avaient échancré çà et là, mais sans y former de lacune.

Cette voie monumentale au milieu de la solitude, cette preuve gigantesque de la puissante patience des Romains apparaît presque intacte encore là où les peuples modernes n'ont ouvert que des sentiers ; l'imagination poétique de la jeune femme raffermit son courage et lui rendit en un instant toute sa liberté d'esprit ; elle secoua sa charmante tête d'un air mutin, sourit de ses terreurs passées, oublia sa fatigue, et, s'adressant à son guide :

— Approchons-nous ? lui demanda-t-elle d'une voix joyeuse.

— Oui, mon jeune maître, répondit le vieillard en souriant ; tenez, ajouta-t-il en étendant le bras, voyez-vous cette lueur qui semble un feu follet dansant sur les buissons ?

— Oui, répondit-elle.

— Eh bien ! cette lueur si faible à cause de son éloignement est une lumière allumée dans la maison où nous nous rendons.

— Que Dieu vous bénisse pour cette bonne nouvelle, maître Johann ! Y serons-nous bientôt ?

— A cause des détours qu'il nous faut faire, nous n'arriverons pas avant une vingtaine de minutes.

— Tant que cela ?

— Au moins, maître Ludwig ; vous n'avez pas l'habitude des courses de nuit, et vous ne vous rendez pas exactement compte des distances.

— C'est possible. Savez-vous quelle heure il est ?

Le vieux montagnard leva la tête et sembla regarder attentivement les étoiles.

— Dix heures, dit-il au bout d'un instant.

— Vous croyez ?

— J'en suis sûr, maître Ludwig, répondit-il en souriant ; les étoiles ne sont pas trompeuses, c'est Dieu lui-même qui règle leur marche.

En ce moment, et comme pour lui donner raison, une horloge invisible sonna lentement dix heures.

Le bruit, bien qu'il fût assez éloigné, parvint cependant distinct aux oreilles de la jeune femme.

— M'étais-je trompé ? demanda le vieillard en souriant.

— Non, répondit-elle, c'est moi qui ai eu tort de douter.

Ils continuèrent silencieusement leur marche pendant un quart d'heure environ ; la lueur devenait de plus en plus vive ; elle se rapprochait rapidement.

Vers le milieu du col, entourée de bouquets d'arbres, on commençait à apercevoir vaguement une masse sombre.

La jeune femme posa doucement la main sur le bras de son guide.

— Arrêtez-vous un instant, lui dit-elle.

— Pourquoi cela ? Nous ne sommes plus qu'à quelques pas de la maison où vous avez voulu que je vous conduise.

— C'est précisément à cause de cela, maître Johann ; arrêtez-vous et laissez-moi faire.

— Comme vous voudrez, mon jeune maître.

— Tenez, placez-vous ici, près de moi, derrière ce rocher.

— A quoi bon ?

— Parce qu'il est inutile qu'on nous voie de la maison avant que je me sois assurée que nous n'avons rien à craindre.

— Comment ferez-vous pour cela ?

— Ceci me regarde, maître Johann.

— C'est juste.

Il baissa docilement la tête et alla se placer à l'endroit que la jeune femme lui avait désigné.

La comtesse jeta autour d'elle un regard investigateur, puis elle porta à sa bouche un mince sifflet d'argent qu'elle retira de la poche de son gilet et fit entendre un cri de chouette si parfaitement imité que le vieux montagnard, qui n'était pas prévenu, releva la tête et chercha machinalement du regard l'oiseau qu'il avait entendu chanter.

Presque aussitôt, un cri semblable répondit à une courte distance ; un bruit de pas se fit entendre, et un homme parut.

Cet homme, Johann Schinner le reconnut aussitôt ; c'était un des deux compagnons de la comtesse, lors de son arrivée chez lui.

— C'est vous, Karl, lui demanda la jeune femme.

— Oui, maître Ludwig, répondit aussitôt le jeune homme en s'approchant.

— Tout va-t-il bien ?

Karl Brunner sembla hésiter à répondre.

— Vous pouvez parler devant maître Johann, dit vivement la comtesse ; n'avez-vous donc pas reconnu notre hôte ?

— Parfaitement, madame ; mais peut-être vaudrait-il mieux qu'il demeurât étranger à ce qui va se passer. Maître Johann est un homme qui, à cause de son âge et surtout à cause des principes religieux qu'il professe, a tout intérêt à ne pas être initié à nos secrets.

L'anabaptiste fit un mouvement pour s'éloigner.

— Demeurez, lui dit la comtesse, en lui posant la main sur l'épaule ; vous êtes un honnête homme, je ne veux rien avoir de caché pour vous, d'autant plus que les motifs qui m'ont conduite ici sont honorables et que je tiens à ce que vous en soyez bien convaincu afin que vous ne regrettiez pas ce que vous avez fait pour moi ; d'ailleurs, peut-être est-il bon pour vous-même et pour les vôtres que vous ne restiez pas dans l'ignorance de certaines choses.

— Comme il vous plaira, madame, répondit-il avec une feinte indifférence, car les paroles prononcées par la comtesse avaient produit sur lui une impression beaucoup plus vive qu'il ne jugeait convenable de le laisser paraître ; seulement, ne comptez pas sur moi pour vous défendre s'il y a rixe ou attaque, de quelque côté qu'elle vienne.

— Le cas que vous prévoyez est peu probable ; mais rassurez-vous, je ne réclamerai point votre aide : s'il y avait combat, je ne manquerais pas de défenseurs. Voyons, Karl, expliquez-vous.

— En deux mots, madame, maître Herzog et sa famille vous sont dévoués, vous êtes maîtresse chez eux pour tout le temps qu'il vous plaira.

— Vous ne leur avez rien dit aux uns et aux autres ?

— Rien ; je les ai payés, voilà tout ; j'ai la parole du garde.

— C'était le meilleur moyen de s'assurer de son dévouement, dit le vieillard en riant. Maître Herzog aime l'argent, il est homme d'honneur ; quant à sa femme, elle se taira.

— Ainsi nous pouvons entrer ?

— Tout de suite, madame ; j'ai laissé Otto dans la maison en train de trinquer avec maître Herzog.

— Vous avez bien fait, surtout ne buvez pas trop.

— Il n'y a pas de danger, madame, nous savons trop bien le péril qu'il y aurait pour nous à ne pas conserver notre sang-froid.

— Indiquez-moi le chemin.

— Venez, madame.

Tous trois se dirigèrent vers le Prayé.

Nous avons dit que cette maison était habitée par un garde forestier ; celui-ci en avait fait une hôtellerie, malheureusement très-médiocrement achalandée, à cause de sa situation isolée au milieu de ce désert, malgré tous les efforts du digne maître Herzog, qui s'appliquait à servir de son mieux les rares voyageurs que Dieu lui envoyait.

La pièce dans laquelle pénétra la comtesse, à la suite de ses deux compagnons, était une grande salle nue, aux poutrelles apparentes, aux murs crépis à la chaux ; dans une niche ménagée auprès du comptoir, chantait un poêle, qui, allumé sans doute depuis le matin, avait répandu à travers la pièce une douce chaleur ; plusieurs tables, garnies de bancs, étaient disposées contre les murs ; une autre table fort longue, mais proportionnellement assez étroite, occupait le milieu de la chambre ; deux lampes attachées entre les fenêtres et une troisième posée sur le comptoir jetaient une clarté assez vive et plus que suffisante ; plusieurs portes percées à droite, à gauche et dans le fond, conduisaient à des chambres intérieures.

Maître Herzog était un homme d'une quarantaine d'années, de haute taille et solidement charpenté, ses traits ouverts respiraient la bonne humeur et l'insouciance ; en apercevant les arrivants, il se leva, ôta son chapeau et s'avança poliment à leur rencontre.

— Vous m'attendez, par conséquent vous savez ce que j'attends de vous, n'est-ce pas, maître Herzog ? lui dit la comtesse, en lui rendant son salut.

— Parfaitement, mon jeune maître, et me voici prêt à vous servir en tout ce qui dépendra de moi.

— Je ne vous demande pas autre chose que ce que vous m'avez promis.

— Venez donc, alors, ce ne sera pas long.

Il prit la lampe posée sur le comptoir et ouvrit la porte percée au fond de la salle.

La comtesse le suivit ainsi que ses trois compagnons.

Cette porte donnait sur une espèce de palier ; à gauche, il y avait un escalier assez raide, conduisant au premier étage ; à droite, la porte d'un cellier.

L'aubergiste ouvrit cette porte ; le cellier était rempli de bois à brûler, de barriques vides et d'une foule d'objets de toutes sortes qui, étant ou brisés ou inutiles, avaient été relégués en cet endroit.

Après avoir traversé le cellier, maître Herzog dérangea quelques barriques empilées les unes sur les autres, et démasqua une autre porte qu'il ouvrit.

Les visiteurs se trouvèrent alors dans une chambre assez grande munie de quelques meubles indispensables pour s'asseoir ; cette pièce n'avait pas de fenêtres, l'air n'y pénétrait que par un soupirail presque à ras de terre ; après avoir levé sa lampe de façon à ce que la comtesse pût à son aise examiner la pièce :

— Que pensez-vous de ce salon ? lui demanda-t-il en riant.

— Il est fort beau, répondit-elle sur le même ton ; reste à savoir s'il remplit toutes les conditions que je désire.

— Vous allez être satisfait, mon jeune maître ; regardez.

L'aubergiste s'approcha alors de la muraille, poussa un clou planté à droite de la cheminée ; cette cheminée bascula sans bruit et démasqua un passage assez étroit et rempli d'ombre.

— Où aboutit ce passage ? demanda la comtesse.

— A une porte qui donne sur la Douve ; j'ai fait voir tout cela à maître Karl Brunner.

— Oh ! alors, je n'en demande pas davantage.

— Maintenant, venez par ici, reprit l'aubergiste en se dirigeant vers le mur opposé.

Là se trouvait une rosace en fer, ressemblant à une bouche de chaleur, treillagée en fil de fer ; en s'approchant de cette rosace, on voyait et on entendait tout ce qui se faisait et se disait dans la salle commune.

— C'est parfait, dit la jeune femme avec satisfaction, vous avez loyalement gagné votre argent, et, comme les bons comptes font les bons amis... ajouta-t-elle en fouillant sa poche.

L'aubergiste l'arrêta.

— Non, pas encore, dit-il, mon argent ne sera gagné que lorsque vous aurez quitté sain et sauf cette maison ; jusque-là je suis toujours à vos ordres.

— Soit, je ne demande pas mieux ; mais vous ne perdrez rien pour attendre.

— Je le sais bien, fit-il avec un franc éclat de rire.

— Vous êtes certain que personne ne connaît cette cachette?

— Personne autre que moi, mon jeune maître ; avant la première révolution cette maison était un des rendez-vous de chasse des comtes de Salm, les seigneurs de la contrée ; en 90 mon père l'acheta et fut fort étonné, lorsqu'il en prit possession, de le voir occupé par son ancien seigneur que tout le monde dans le pays croyait émigré en Allemagne, et qui avait trouvé beaucoup plus simple de se cacher ici, où du reste il était si bien en sûreté, que, si mon père le découvrit, c'est que le comte lui-même sortit de sa cachette ; il savait que mon père, qui était son frère de lait, ne le trahirait pas.

— Et le comte resta longtemps caché dans cette chambre ?

— Pendant tout le temps que dura la terreur ; depuis, comme nul ne peut prévoir l'avenir, nous avons religieusement conservé le secret de la chambre du comte, comme je nomme la cachette ; je vous avoue que je ne comprends pas encore moi-même comment je me suis décidé à vous la faire connaître.

— Vous n'aurez pas à vous en repentir, dit sérieusement la comtesse, les mauvais jours sont revenus : qui sait si, grâce à cette confiance que vous avez mise en moi, de grands malheurs ne seront pas évités.

— Dieu le veuille, mon jeune maître ; maintenant je crois qu'il est temps de vous laisser ; surtout ne conservez pas de lumière, la clarté vous trahirait.

— Ne craignez rien, je serai prudente ; quant à vous, mes amis, ajouta-t-elle en s'adressant à Karl Brunner et à son compagnon, vous savez ce dont nous sommes convenus ?

— Oui, oui, maître Ludwig, ne vous inquiétez pas de cela.

Les trois hommes quittèrent alors la cachette dont le forestier referma soigneusement la porte derrière lui, et la comtesse demeura seule avec maître Johann Shinner.

Un silence profond régnait dans la maison ; la femme du garde et ses enfants s'étaient couchés, et, depuis plus d'une heure déjà, ils dormaient.

Le garde, seul dans la grande salle, fumait son immense pipe de porcelaine, tout en buvant à petites gorgées un moos rempli de bière, posé sur une table à portée de sa main.

Plus d'une heure s'écoula ainsi, sans que rien ne bougeât au dedans, ou que le moindre bruit se fît entendre au dehors.

Soudain une voix faible comme un souffle, murmura ces deux mots à l'oreille de la jeune femme.

— Ils approchent.

La comtesse fit un mouvement comme pour secouer la torpeur qui commençait à l'envahir, elle releva la tête, un sourire d'une expression étrange passa sur ses lèvres pâlies par l'émotion, elle prêta l'oreille.

Un bruit de voix mêlé à des piétinements de chevaux s'élevait sur le chemin avec une force qui indiquait la présence rapprochée d'un nombre considérable d'individus.

Le garde forestier avait éteint les lumières et s'était retiré dans sa chambre, probablement, car la grande salle était vide.

— Halte ! cria une voix rude en langue allemande, nous sommes arrivés, halte, sacrement !

— Prenez garde de vous tromper, Excellence, répondit une seconde voix avec un léger accent de raillerie.

— Bon ! me prenez-vous pour un niais ? reprit celui qu'on traitait d'Excellence. Ne voyez-vous pas cette masure qui nous crève les yeux ? D'ailleurs, nous allons savoir tout de suite à quoi nous en tenir ; qu'on amène le guide.

Il y eut quelques secondes d'un calme relatif, puis la même voix reprit en langue allemande :

— Avance ici, drôle ; c'est bien. Où sommes-nous ici ?

Aucune réponse ne fut faite à cette question.

— Est-ce que tu ne comprends pas l'allemand ?

— *Gar nicht,* — pas du tout, — répondit une voix que la comtesse crut reconnaître et qui la fit tressaillir.

— Oh ! oh ! reprit le premier interlocuteur, c'est ce que nous allons voir ; allez, vous autres.

Plusieurs coups semblant frappés avec une houssine se firent entendre, mêlés de gémissements et d'exclamations de douleur.

— *Das schmeckt ihnen nicht ?* Cela ne vous semble pas bon ? reprit le premier interlocuteur d'une voix railleuse.

— *Es ist abscheulich.* — C'est détestable, reprit l'autre piteusement ; puis il ajouta en français, mais d'un ton résolu, auquel il n'y avait pas à se méprendre : Je vous répète que je ne parle pas votre chienne de langue allemande, je la comprends, voilà tout ; maintenant, faites ce que vous voudrez.

— Je t'ai demandé le nom de l'endroit où nous sommes ; pourquoi n'as-tu pas répondu tout de suite, puisque tu avais compris ?

— Vous voulez le savoir ?

— Oui.

— Et si je vous réponds franchement ?

— Rien ne te sera fait.

— C'est bien ; je ne vous ai pas répondu parce que j'ai voulu m'assurer par moi-même si vous êtes aussi mauvais et aussi brutaux que tout le monde le soutient.

— Et maintenant, que penses-tu ?

— C'est moi qui avais tort de supposer que vous aviez d'humain autre chose que l'apparence ; vous êtes en effet bien réellement des bandits et des barbares.

— Drôle ! s'écria l'officier d'un ton de menace, sais-tu à qui tu oses parler ainsi ?

— Vous ne pouvez être plus qu'un homme ; vos titres ne signifient rien pour moi.

— Finissons-en ; réponds à ma question.

— Vous êtes au Prayé, ancien rendez-vous de chasse des comte de Salm, des barons pillards et voleurs comme il y en a tant chez vous, maintenant hôtellerie tenu par maître Herzog, mon ami, garde forestier chargé de l'inspection de tous les bois qui s'étendent autour de vous ; êtes-vous satisfait, avez-vous encore quelque chose à me dire ?

— Oui, j'ai à te dire que tu vas être pendu, et cela à l'instant, à l'un des arbres de ces bois dont tu parles.

— Est-ce ainsi que vous prétendez donner un démenti à ceux qui vous accusent d'être des bandits et de faire la guerre en écorcheurs ?

— Emmenez ce misérable et pendez-le haut et court.

— Quand vous me tiendrez, reprit le Français en ricanant ; parez celle-là — *schaafs kupfi !* — têtes de mouton.

On entendit alors le bruit d'une lutte, puis la voix de l'officier domina toutes les autres, criant avec rage :

— *Donnerwetter !* Tonnerre — ce chien maudit nous échappe. Sus ! sus ! amenez-le, tirez ! tirez sur lui.

Le bruit augmenta ; on entendit même quelques coups de fusil sans doute tirés au hasard.

— Il faut y renoncer, dit enfin l'officier avec dépit ; ce drôle a des jambes de cerf. Donnerwetter ; qu'il ne retombe jamais entre mes mains. Holà ! la maison.

— Que désirez-vous ? demanda le garde en paraissant à une fenêtre.

— Ouvre ta porte, drôle, reprit brutalement l'officier, et fais vite, si tu ne veux pas qu'on la défonce.

Le garde forestier savait à quelle espèce de gens il avait affaire. Sans même se donner la peine de refermer la fenêtre, il se hâta de dégringoler au plus vite et d'enlever les barres et tirer les verrous de la porte ; du reste, il était temps qu'il arrivât ; déjà les coups de crosse pleuvaient dru comme grêle contre les planches vermoulues de la malheureuse porte qu'ils menaçaient de briser tout à fait.

Il y eut un grand cliquetis de sabres : c'étaient les officiers allemands qui mettaient pied à terre ; presque aussitôt ils pénétrèrent dans la salle de l'hôtellerie ; la comtesse, toujours aux aguets derrière la rosace en fer les compta.

Ils étaient neuf ; sauf un colonel qui semblait être le chef du détachement, tous les autres officiers étaient lieutenants ou capitaines.

Ils menaient grand bruit, parlaient haut, et frappaient les tables du fourreau de leurs sabres.

— A boire ! commanda le colonel.

— Que faut-il servir à Votre Excellence ? demanda humblement l'hôtelier, pâle de colère et de honte.

— Tout ce que tu as chez toi, reprit brutalement le colonel ; nous sommes les maîtres ici, ce que tu possèdes nous appartient ; apporte du vin, de la bière, de l'eau-de-vie de myrtille.

— Et n'oublie pas le pain, le miel, le beurre, le lard et tous les comestibles que tu tiens en réserve, ponctua un capitaine, grand, sec, maigre et rouge, à la physionomie idiote, en hérissant son énorme moustache fauve pour se donner un air formidable.

— Le capitaine Schimelmann a raison, reprit le colonel, fais vite ; mais avant tout écoute : es-tu seul ici ?

— Seul avec ma femme et mes enfants, oui, colonel.

— Pourquoi ne dis-tu pas Excellence ?

— Ce n'est pas l'habitude en France, mais si vous y tenez, cela m'est égal.

— Tous ces Alsaciens sont des idiots, dit le capitaine avec mépris ; le contact continuel de ces chiens de Français les a abrutis. Ta femme est-elle jolie, drôle ?

— Que vous importe, monsieur ?

Pauvre mère, je suis un ami, croyez-le, suivez-moi avec confiance. (Page 83.)

— Beaucoup, fit-il avec un gros rire en se caressant la moustache.

— Fais-la lever, ainsi que tes enfants, nous voulons que tu nous présentes ta famille, va, dépêche.

— A quoi bon les réveiller? Je suffirai pour vous servir.

— Je crois que tu répliques, drôle, s'écria le colonel. Donnerwetter! obéis, ou sinon...

Le forestier fronça le sourcil, serra les poings, sembla, pendant une seconde, mesurer son adversaire; mais soudain son visage se rasséréna, il sourit, baissa la tête et quitta la salle sans répondre.

— Tous ces chiens maudits sont les mêmes, dit le capitaine en haussant les épaules: un geste de menace suffit pour les rendre doux comme des moutons.

— Je ne partage pas votre avis, fit observer un autre officier, cet homme n'est pas aussi effrayé que vous semblez le croire; je supposerais plutôt qu'il médite quelque diablerie, nous ferons bien d'avoir l'œil sur lui.

— N'oubliez pas mes herrs, dit le colonel, que nous sommes isolés au milieu des montagnes, à plusieurs lieues de nos renforts, et que nous n'avons avec nous que deux ou trois cents hommes tout au plus ; soyons prudents ; a-t-on occupé tous les postes que j'ai désignés ?

— Oui, colonel, répondit un jeune lieutenant imberbe, d'une voix fluette ; nos hommes sont solidement établis autour de cette maison, toute surprise est impossible.

— C'est bien, lieutenant von Steinburg, vous veillerez à ce que la surveillance ne se relâche pas pendant tout le temps que nous devons rester ici.

Le lieutenant fit un salut respectueux et sortit.

En ce moment l'hôtelier reparut ; sa femme et ses trois enfants l'accompagnaient ; cette femme avait trente-six à trente-huit ans ; elle avait dû être d'une grande beauté dans sa première jeunesse, et était encore très-attrayante; près d'elle se serraient craintivement deux garçons : l'un de dix-sept ans, grand, bien découplé et à l'air résolu ; l'autre d'une quinzaine d'années et d'apparence aussi solide, et une enfant de quatorze ans à peine, blonde, frêle, avec de grands yeux bleus et pensifs, qui se cachait dans les plis de la robe de sa mère et tremblait de tous ses membres.

— Oh ! la belle enfant, s'écrièrent les officiers en apercevant la jeune fille et en faisant un mouvement vers elle.

— La mère n'est pas à dédaigner non plus, ajouta le capitaine Schimelmann, dont les yeux brillaient comme des escarboucles.

— Oh ! mère, j'ai peur, murmura la jeune fille en pâlissant.

— Ne crains rien, enfant, répondit fièrement l'hôtelière, ta mère est près de toi.

Et sur un geste muet de son mari, elle s'approcha de la table devant laquelle les officiers étaient assis, et déposa les verres et les bouteilles dont elle avait les bras chargés : le garde forestier et ses enfants avaient imité ce mouvement, si bien que la table se trouva en un instant couverte de rafraîchissements de toutes sortes.

Les officiers allemands se sentaient malgré eux saisis d'admiration à la vue de cette belle et altière matrone que rien ne semblait devoir émouvoir et qui, en apparence du moins, s'acquittait avec une entière liberté d'esprit du devoir pénible qui lui était imposé.

— Eh ! eh ! la belle, lui dit en souriant le colonel, un peu plus d'aménité, s'il vous plaît ; nous avons la patience courte, et vous oubliez trop facilement que nous sommes chez nous ici.

— Chez vous ! fit-elle avec un geste superbe.

— Ne sommes-nous pas vainqueurs ? reprit-il en riant.

— Vainqueurs, oui, des traîtres qui vous ont livré notre pays sans défense.

— D'ailleurs cette terre n'est-elle pas allemande ?

— Cette terre est française, s'écria-t-elle avec exaltation, française elle restera, quoi que vous fassiez.

— Femme ! femme ! prends garde ! murmura le garde effrayé de l'état de surexcitation où elle se trouvait.

— Non, non, laisse-la parler, drôle, elle nous amuse dit le colonel.

— Et puis, ajouta le capitaine Schimelmann en ricanant, nous ne sommes pas fâchés de connaître l'opinion que ces renégats montagnards ont de nous ; continuez la belle, continuez.

L'hôtelière haussa les épaules avec un sourire de dédain :

— Buvez et mangez, loups-cerviers que vous êtes, depuis assez longtemps vous mourez de faim dans votre misérable pays.

Un murmure d'indignation se fit entendre.

— Nous laisserons-nous ainsi insulter par

cette misérable femme? dit un lieutenant en frappant du poing sur la table.

— Écrasons cette vipère! dit un autre.

Plusieurs se levèrent et la menacèrent du geste.

— C'est vous qui êtes des insulteurs et des misérables, s'écria-t-elle avec énergie, vous qui, non contents de vous abattre, comme un vol de vautours immondes, sur la cabane du pauvre et de le dépouiller de ce qu'il possède, osez insulter et menacer les femmes sans défense.

— C'en est trop! s'écrièrent plusieurs voix irritées.

— Vengeance! hurlèrent tous les officiers.

— Femme, dit alors le colonel, avec un accent glacé, vous nous avez insultés et avez ainsi mérité un châtiment; ce châtiment, vous allez le subir.

— Holà! messieurs, que prétendez-vous faire, vous vengerez-vous d'une femme, vous qui êtes des hommes?

— Saisissez-vous de ce drôle et attachez-le à son comptoir.

Cet ordre fut aussitôt exécuté par des soldats qui se tenaient prêts à agir.

— Ma mère! ma mère! à moi, au secours, on me tue! s'écria la jeune fille qui se débattait vainement au milieu de plusieurs officiers qui s'étaient emparés d'elle, avaient enlevé son fichu, déchiré son corsage et essayaient de l'entraîner dans une pièce adjacente, dont la porte avait été brisée.

A ce cri d'angoisse et d'agonie poussé par son enfant affolée de terreur, l'hôtelière bondit comme une lionne au milieu du groupe, et avec une force dont on ne l'aurait pas supposée douée, elle écarta les ignobles libertins, qu'elle obligea à se reculer pleins de honte et de rage impuissante; elle enleva sa fille entre ses bras, et serrant contre sa poitrine haletante la pauvre enfant à demi morte de terreur, elle s'élança hors de la salle et disparut avant que les officiers fussent revenus de la surprise que leur avait causée cette attaque subite.

Les deux jeunes garçons, après avoir échangé un regard significatif avec leur père, qui se tordait en vain dans les liens qui le retenaient, s'étaient élancés sur les traces de leur mère, en refermant derrière eux la porte qui leur avait livré passage.

L'hôtelière, au lieu de remonter à sa chambre, où elle savait qu'il lui était impossible de se cacher, allait chercher un refuge dans la montagne en franchissant la haie de son jardin, lorsqu'une main se posa tout à coup sur son épaule, et une voix douce murmura à son oreille :

— Suivez-moi, vous êtes sauvée.

— Qui êtes-vous? dit-elle avec un tressaillement de crainte.

— Un ami, répondit l'inconnu; suivez-moi, je vous répète que vous êtes sauvée, mais hâtez-vous; entendez-vous comme ceux qui vous poursuivent font rage contre la porte, dans un instant ils seront ici.

— C'est vrai, murmura-t-elle avec douleur, oh! mon enfant, ma pauvre fille, comment te soustraire aux outrages de ces misérables?

— En me suivant, je vous le répète; nous n'avons pas un instant à perdre.

— Eh bien! soit, reprit-elle avec résolution, guidez-moi, je vous suis; mais songez que Dieu nous voit; si vous me trompez, soyez maudit!

— Pauvre mère, je suis un ami, croyez-le; suivez-moi avec confiance.

— Allons.

Ils se mirent à courir à travers les allées du jardin, où bientôt ils disparurent.

Presque aussitôt on entendit un bruit de pas pressés, et plusieurs torches portées par des soldats éclairèrent les ténèbres de leurs flammes blafardes aux reflets sinistres.

Les officiers, remis de leur surprise et plus qu'à demi ivres pour la plupart, avaient senti redoubler leur rage en voyant leur proie échapper si providentiellement à leurs horribles caresses ; ils avaient fait le serment de s'emparer des deux femmes à quelque prix que ce fût, dussent-ils mettre le feu à la pauvre masure, et de se venger en les déshonorant de la honte qu'elles leur avaient infligée.

Le capitaine Schimelmann, chez lequel les instincts brutaux étaient développés dans des conditions effrayantes, était le plus animé de tous ; ils se ruèrent sur la porte, qu'ils attaquèrent avec tout ce qui leur tomba sous la main ; il ne leur fallut que quelques instants pour la briser ; alors, suivis de soldats munis de torches allumées, ils se répandirent par toute la maison avec une rage indicible, fouillant les chambres, brisant les meubles à coups de sabre, éventrant les armoires, en un mot, ne laissant rien intact derrière eux ; ils descendirent dans les caves, entrèrent dans le cellier, où ils bousculèrent tout ce qu'ils rencontrèrent à leur portée ; mais leurs recherches furent vaines, ils ne trouvèrent rien : la femme et les enfants de l'hôtelier semblaient s'être subitement engloutis dans les entrailles de la terre.

Cette disparition avait quelque chose de miraculeux, qui les frappa de stupeur ; après avoir exploré le jardin dans tous les sens, fouillé les buissons de la pointe de leurs sabres, ils rentrèrent dans la maison qu'ils visitèrent de nouveau, avec une ardeur furieuse renouvelée par l'inutilité de leurs infructueuses recherches.

Ils furent enfin contraints de rentrer dans la salle, l'oreille basse et en proie à une colère d'autant plus grande qu'ils ne savaient sur quoi ni sur qui la faire tomber.

En les apercevant, l'hôtelier jusqu'à ce moment accablé par un désespoir profond et dévoré d'anxiété, comprit que ceux qu'il aimait étaient saufs ; il se redressa, son regard lança un fulgurant éclair de triomphe et un ironique sourire plissa ses lèvres blêmies.

— Eh bien ! demanda le colonel en riant, avez-vous fait bonne chasse ?

— Rien, nous n'avons rien découvert, s'écria le capitaine Schimelmann avec dépit, en frappant du pied ; ces misérables femmes sont introuvables.

— Oh ! fit le lieutenant à la voix douce et à l'apparence toute féminine, je jure que je les découvrirai, moi, quand je devrais brûler la maison.

— C'est une idée, cela, dit le capitaine avec un gros rire, le feu ! Quand ces péronnelles se sentiront roussir, il faudra bien qu'elles se montrent.

— C'est un moyen, en effet, reprit nonchalamment le colonel, mais j'en connais un meilleur.

— Lequel, lequel ? s'écrièrent tous les officiers en se pressant autour de lui.

— Un instant, messieurs, fit-il en riant ; diable, comme ces femmes vous tiennent au cœur !

— Elles sont assez jolies pour cela, dit le capitaine en frisant sa moustache rousse d'un air vainqueur.

— Moi, je préfère la fille, répondit le colonel, que voulez-vous ? j'aime le fruit vert.

— Vous n'êtes pas dégoûté, cette petite est un morceau de roi, mon cher colonel, dit un officier en souriant.

— N'est-ce pas ? eh bien ! mes herrs, convenons de nos faits. Je pourrais peut-être arguer de mon grade supérieur pour vous signifier ma volonté ; mais ce n'est pas ici affaire de service, je préfère vous proposer un marché.

— Parlez, colonel, répondirent-ils tous en s'inclinant avec une satisfaction évidente.

— Voici la chose en deux mots : je renonce à toute protection sur la mère, mais je me réserve la fille.

Il fut interrompu par un murmure désapprobateur.

— Attendez donc, mes herrs, laissez-moi conclure, reprit-il toujours souriant ; je me réserve la fille, mais pendant une heure seulement ; après quoi, ma foi, vous en ferez ce que vous voudrez ; cela vous convient-il ainsi ? le temps seulement de causer avec cette enfant et de lui donner de bons conseils dont elle me semble avoir grand besoin, ajouta-t-il avec un sourire railleur.

— Nous acceptons, dit aussitôt le capitaine ; quel est votre moyen ?

— Et vous, mes herrs ?...

— Qu'il en soit ainsi, dirent les autres officiers.

— C'est bien, j'ai votre parole ; maintenant, écoutez-moi : au lieu de perdre votre temps en recherches inutiles, pourquoi n'interrogez-vous pas ce drôle ? ajouta-t-il en désignant l'hôtelier, pâle de douleur et de désespoir.

— Il ne répondra pas ; ces Alsaciens sont entêtés comme des mulets.

— Non, si vous ne savez pas vous y prendre ; voyez quel beau feu il y a dans ce poêle, cet homme doit avoir grand froid ; peut-être que, si vous l'aidez à se réchauffer convenablement, il ne vous refusera pas de vous donner les renseignements que vous désirez ; il n'y a rien comme la chaleur pour rendre bavards les gens les plus moroses.

Les officiers éclatèrent de rire.

— Essayez, misérables assassins ! dit l'hôtelier d'une voix ferme en souriant avec mépris.

— C'est ce que nous allons faire, s'écria le capitaine en se frottant joyeusement les mains.

Les ordres furent immédiatement donnés ; pendant que quelques soldats remettaient du bois dans le poêle, afin de raviver le feu, d'autres s'emparèrent du malheureux hôtelier, lui enlevèrent sa chaussure, et l'étendirent sur le sol, la plante des pieds exposés à l'ardente chaleur du brasier.

Par un raffinement de cruauté horrible, les soldats avaient enduit de graisse les pieds de leur victime.

On n'invente pas de telles horreurs, le romancier reculerait devant des faits si atroces, si malheureusement ils n'étaient pas si rigoureusement historiques ; mais il faut que la vérité soit connue et que l'on sache bien à quels effroyables excès se sont portés les barbares envahisseurs de notre malheureux pays ; voilà pourquoi, malgré le dégoût que nous éprouvons en l'écrivant, nous avons considéré comme un devoir de ne point passer sous silence cette scène digne des plus féroces écorcheurs du moyen âge.

Bientôt la chair crépita, se fendit, et une odeur nauséabonde se répandit dans la salle.

L'hôtelier, dont le visage avait pris des teintes cadavériques, se tordait dans ses liens ; une sueur froide perlait à la racine de chacun de ses cheveux, des frémissements nerveux agitaient tout son corps ; mais, de ses lèvres serrées avec une force convulsive, il ne s'échappait ni un soupir, ni un mot.

Cette fois encore le vaincu dominait le vainqueur ; les officiers se regardaient entre eux d'un air effaré, ils commençaient à avoir conscience de l'excès épouvantable de leur vengeance inique envers cet homme innocent ; ils avaient compté sur des cris, des prières et des menaces ; ils se trouvaient en face d'un homme résolu à mourir plutôt que de trahir son secret ; tous ces hommes étaient honteux de s'être laissés emporter ainsi à une action qui les flétrissait sans que leur but fût atteint ; cette scène devenait intolérable encore plus pour eux que pour leur victime ; il fallait en finir à tout prix ; mais comment ? l'orgueil les empêchait de s'avouer vaincus !

Le hasard ou plutôt la Providence se chargea de mettre fin à cette situation, que chaque seconde rendait plus critique et plus impossible à dénouer.

Tout à coup la porte de l'hôtellerie s'ouvrit avec fracas, et un homme parut sur le seuil.

— Vive Dieu ! s'écria-t-il, que se passe-t-il donc ici, et quelle infernale cuisine confectionnez-vous, mes herrs? l'odeur m'en prend à la gorge.

— Monsieur le baron Frédéric von Stambow, dit le colonel en se retournant vivement.

Il ordonna d'un geste de cesser le supplice du malheureux hôtelier et s'avança avec empressement au-devant du baron, dont le regard fouillait avec une ténacité de mauvais augure pour les assistants tous les recoins de l'immense salle.

IX

DANS LEQUEL M. DE POBLESKO REPARAIT

Les soldats, sur l'ordre de leurs officiers, s'étaient empressés d'enlever le malheureux garde forestier, et, ne sachant où le mettre, ils l'avaient caché tant bien que mal sous une table.

Le pauvre hôtelier, quoique l'excès de la douleur lui eût fait perdre connaissance, n'était pas aussi malade que l'on pourrait le supposer. Bien que les soldats eussent ravivé le poêle en le bourrant de tout le bois qu'ils avaient pu y faire entrer, le feu, assez négligé depuis plusieurs heures, était presque éteint et n'avait pas eu le temps d'acquérir une bien grande intensité; de plus, les soldats n'étaient chauffeurs que par occasion, ils avaient la bonne volonté, c'est vrai, mais la science leur faisait complètement défaut et ils étaient bien loin de valoir leur compatriote Shinderhaunes, ce célèbre chauffeur qui, pendant les premières années du XIXe siècle, exploita ces malheureuses contrées où il a laissé de si cruels souvenirs : les soldats avaient placé, soit calcul, soit ignorance, leur victime beaucoup trop loin du foyer incandescent auquel ils l'exposaient, de sorte que, bien que les blessures de celle-ci fussent excessivement douloureuses, en réalité elles n'avaient pas l'importance qu'elles auraient dû avoir ; la peau s'était soulevée en plusieurs endroits, mais ces blessures, toutes très-peu profondes, devaient se guérir promptement ; même au besoin, le garde forestier aurait été en état de marcher après une heure ou deux de repos ; seulement il était grand temps que son supplice fût interrompu.

M. de Stambow, on se souvient que tel était le nom véritable de l'homme qui, sous le nom de Poblesko, joue un rôle si important dans cette histoire, monsieur de Stambow portait un costume qui tenait le milieu entre le vêtement civil et l'uniforme militaire ; un chapeau de feutre mou, orné d'une plume, était rabattu sur ses yeux ; sa taille était étroitement serrée dans une redingote droite boutonnée et à courtes basques ; sa culotte collante disparaissait dans des bottes éperonnées et montant au-dessous du genou ; une ceinture de cuir noir soutenait deux revolvers à six coups, une longue rapière et une cartouchière gonflée de cartouches, le tout était recouvert d'un épais caban à capuchon ; il tenait à la main une forte cravache en peau d'hippopotame ; ainsi vêtu et dans les circonstances critiques où se trouvait le pays, il pouvait voyager à sa guise dans toutes les directions sans attirer l'attention sur lui, ni exciter une curiosité dangereuse pour ses projets.

Son entrée dans la grande salle de l'hôtellerie avait, ainsi que nous l'avons dit, causé une vive surprise et surtout un trouble extrême parmi les officiers allemands, qui redoutaient pour plusieurs motifs qu'il se fût aperçu de l'occupation cruelle à laquelle ils se livraient lorsqu'il avait ouvert la porte.

Le visage de M. de Stambow était froid et sombre comme toujours ; il était impossible de rien lire sur ses traits hautains ; il répondit froidement aux avances du colonel, porta la main à son chapeau pour saluer les autres officiers et s'assit sans prononcer une parole sur la chaise qui lui était offerte.

Il y eut un instant de silence. Chacun attendait sans doute qu'il plût au nouveau venu d'entamer l'entretien.

— Mes herrs, dit-il enfin de cet air moitié figue, moitié raisin qui lui était particulier, vous meniez fort grand bruit lorsque je suis entré, vous sembliez joyeux et très en train de vous divertir, aurais-je le malheur d'être sans le vouloir un trouble-fête ?

— Oh ! vous ne le croyez pas, monsieur le baron, se récria le colonel; nous étions joyeux à la vérité, et cela se conçoit : nous venions de faire une longue route, à travers des sentiers perdus, dans la boue jusqu'à l'échine ; en arrivant ici nous avons trouvé bon feu, bonne table et le reste, et avec cette insouciance qui fait le fond de notre glorieux mais pénible métier, nous avons oublié la misère passée pour jouir de l'abondance présente.

— Rien que de très-naturel à cela, colonel von Lansfeld.

— Vous le savez, herr baron, dans certaines circonstances il est bon de relâcher un peu la discipline, sans cela...

— Oui, interrompit-il avec un sourire glacé, une machine trop longtemps tendue, finit par se briser.

— C'est précisément ce que je voulais dire, fit obséquieusement le colonel.

— Tout cela est fort juste, herr colonel.

— Daignerez-vous accepter un bock de cette bière ? Bien qu'elle soit brassée en Alsace, je vous assure qu'elle n'est pas mauvaise.

— Mille grâces !

— Préférez-vous une pipe ? Vous le savez, herr baron, la pipe et la bière sont la moitié de notre vie, à nous autres Allemands ; l'une ne saurait aller sans l'autre.

— Je ne boirai ni ne fumerai, répondit-il avec une certaine sécheresse, j'ai autre chose à faire, et vous aussi, mes herrs.

Tous les fronts se rembrunirent, toutes les physionomies devinrent sérieuses.

— Laissez-moi vous dire tout d'abord, herr colonel, que je suis fort mécontent de ce qui se passe ici : le général von Werder vous a chargé d'une mission fort difficile, mission qui ne peut être accomplie dans les conditions où il faut qu'elle le soit qu'en agissant avec la plus extrême prudence et la plus grande célérité ; est-ce bien l'ordre qui vous a été donné, colonel ?

— Parfaitement, herr baron ; mais je me permettrai de vous faire observer...

— Vous avez manqué à tous vos devoirs, herr colonel, interrompit-il d'un ton péremptoire et avec une brutalité qui fit pâlir celui auquel il s'adressait.

— Je suis arrivé ici comme sur une place publique de Berlin ou de Dusseldorff ; aucune de vos sentinelles, en supposant que vous en ayez placé une seule, n'a semblé s'apercevoir de ma présence et ne m'a arrêté pour me reconnaître ; vous n'êtes pas gardé, grande faute, herr colonel, faute capitale, au milieu de ces montagnes infestées par ces démons de francs-tireurs français qui nous surprennent continuellement, et cela par notre faute, parce que la discipline de notre armée se relâche de la façon la plus déplorable.

— Herr baron...

— Silence, herr colonel ! Vous avez devant vous des Français, et quels Français, les francs-tireurs, c'est-à-dire les paysans, les ouvriers, les étudiants, tous les jeunes gens enfin, l'élite de la nation, dont la haine contre vous va jusqu'à la frénésie, qui, riches ou pauvres, sans distinction de castes ou d'opinion, se sont réunis dans une communion sainte pour vous anéantir ; les francs-tireurs, les plus terribles ennemis que vous ayez à combattre, méprisant le froid, la faim, riant de la misère, toujours debout, à l'affût, vous fusillant derrière chaque arbre, chaque pointe de rocher, vainqueurs ou vaincus, toujours gais et dispos, ne se rebutant jamais; que vous croyez avoir écrasés, détruits, et que tout à coup vous retrouvez à l'improviste en face de vous, plus redoutables qu'ils ne l'étaient auparavant; des serpents qui se glissent partout, pour lesquels tout chemin est bon, pour qui les obstacles n'existent pas, qui vous attaquent en chantant, en vous narguant, et qu'il faut tuer deux fois pour être certain qu'ils sont morts, et encore!... Vous êtes aveugles si vous ne voyez pas cela! L'armée française est détruite ou prisonnière de guerre en Allemagne, nos seuls ennemis dans ces provinces sont des enfants à peine capables de mettre en joue le fusil trop lourd pour leurs faibles épaules, et pourtant ils tiennent toute notre armée en échec, nous disputent le terrain pied à pied, et souvent nous contraignent à reculer devant eux. De tels ennemis, dont le caprice est la seule tactique, qui agissent isolément et n'obéissent qu'à l'instinct de leur haine pour nous, déjouent les combinaisons les plus savantes, les plans les plus laborieusement élaborés; nous n'avons qu'un moyen de les vaincre: redoubler de prudence, attendre patiemment l'occasion, et les écraser en détail en leur opposant des masses disciplinées contre lesquelles, malgré leur bravoure et leur entrain endiablé, s'émousseront leurs armes et s'épuiseront leurs forces.

— Soyez convaincu, herr baron, que les sentinelles...

— Il s'agit bien des sentinelles, reprit-il avec emportement; c'est vous seuls qui êtes coupables, vous tous qui m'écoutez, et qui vous divertissez à torturer un misérable qui ne vous avait rien fait, au lieu de songer aux devoirs impérieux que vous avez à remplir; pensez-vous donc que je n'aie rien vu?

Tous baissèrent la tête avec confusion sous le poids de cette verte réprimande si justement méritée.

Ce colonel et ces officiers si orgueilleux tremblaient comme des écoliers pris en faute par leur pédagogue, devant cet homme froid et sombre, qui les couvrait de son mépris en fouettant dédaigneusement la table avec la cravache qu'il tenait à la main.

M. de Stambow jouissait d'un immense crédit auprès du comte de Bismarck, à cause des nombreux et importants services que, depuis le commencement de la guerre, il avait rendus aux armées allemandes; ce crédit n'était ignoré d'aucun officier, de plus c'était lui que le général von Werder avait spécialement chargé de diriger la présente expédition dont l'importance était en réalité extrême.

Le baron jouit un instant de la confusion de ses auditeurs; puis, certain d'avoir obtenu le résultat qu'il désirait, il reprit la parole:

— Depuis quand êtes-vous arrivé au Prayé, colonel?

— Depuis une heure environ, herr baron, répondit celui-ci en s'inclinant avec une raideur qui témoignait du ressentiment intérieur qu'il éprouvait et qu'il n'osait pas laisser éclater par respect pour cette discipline de fer, qu'on lui avait si vertement reproché d'avoir relâchée, et sous laquelle il se courbait bien qu'en frémissant.

— Vos troupes sont-elles suffisamment reposées?

— Elles sont prêtes à marcher au premier ordre.

— Vous allez vous mettre immédiatement à leur tête, vous occuperez tous les passages et vous veillerez à ce que personne ne les franchisse sans avoir répondu d'une façon satisfaisante à la question que vous adresserez; est-ce compris?

— Oui, herr baron.

— Deux individus seulement se présenteront.

— De quel côté viendront-ils?

— Je l'ignore; du reste, cela importe peu.

— Mais, si un troisième individu se présentait?

— Cela est peu probable; deux seulement se sont engagés d'une manière formelle;

La statue de la ville de Strasbourg à Paris, pendant le siège.

cependant il est bon de tout prévoir ; ce troisième devrait être porteur du même mot d'ordre.

— C'est entendu.

— Voici la question que vous adresserez : Que venez-vous faire ici ? On vous répondra : *Wir wollen dem Herrn dienem und unserm Kœnig Willem* (1). Vous reprendrez alors : *Euer Vaterland ?* (2). A quoi l'inconnu devra vous répondre : *Wir sind die werklaerten* (3).

— Très-bien, et alors, herr baron ?

— Vous les laisserez libres de se rendre ici, où je demeure, pour les recevoir. Quant à vous, vous attendrez mes ordres ; est-ce compris ?

— Oui, herr baron, répondit-il en saluant de nouveau.

(1) Nous venons pour servir Dieu et notre roi Guillaume.
(2) Quelle est votre patrie?
(3) Celle des illuminés.

M. de Stambow fit de la main un geste de congé, et les officiers, le colonel en tête, se retirèrent silencieusement.

Le baron demeura seul dans la grande salle de l'hôtellerie, ou du moins il supposait qu'il en était ainsi.

Le forestier, complétement oublié pendant la scène précédente, était demeuré étendu là où les soldats l'avaient jeté ; ses yeux étaient clos, sa respiration à peine perceptible ; il semblait toujours évanoui, et pourtant, particularité singulière, incompréhensible, les liens dont on s'était servi pour le garrotter avaient disparu, et ses bras étaient disposés de telle sorte qu'il était impossible d'apercevoir de son visage autre chose que le sommet de son front, d'une pâleur cadavéreuse ; mais le baron se contenta de jeter un regard distrait sur le pauvre diable, dont il ne songea pas à se préoccuper davantage, puis il sortit de la poche de côté de sa tunique un portefeuille en forme de serviette, le posa devant lui sur la table, l'ouvrit, et en retira plusieurs papiers, qu'il commença à consulter avec une attention tellement soutenue que bientôt il s'absorba complétement dans cette occupation.

Alors le forestier fit un mouvement imperceptible, écarta légèrement ses bras, derrière lesquels on vit apparaître son visage dont les traits convulsés avaient pris une expression de haine et de férocité implacables, ses yeux démesurément ouverts semblaient lancer des flammes sous ses épais sourcils froncés à se joindre, un sourire ou plutôt un rictus de damné contournait sa bouche, relevait ses lèvres et découvrait ses dents blanches et aiguës comme celles d'un fauve.

Par un mouvement d'une lenteur habilement calculée, le forestier commença alors à ramper sur le sol, ligne à ligne, pouce à pouce, mais se rapprochant de plus en plus du baron sur lequel son regard semblait rivé.

Au dehors régnait un silence profond, troublé seulement à des intervalles éloignés par les aboiements saccadés de quelques chiens errants, répercutés par les échos et apportés sur l'aile humide de la brise nocturne dont les violentes rafales faisaient en passant se plaindre les ais mal joints des portes et des fenêtres de l'hôtellerie.

Cependant si lentement qu'il rampât, le forestier se rapprochait de plus en plus de M. de Stambow; soudain il s'arrêta, un effort encore et il aurait été assez près pour le toucher en allongeant les bras, son regard devint inquiet, il allongea la tête, prêta l'oreille comme s'il entendait un bruit perceptible pour lui seul, et tout à coup il s'affaissa sur lui-même et s'aplatit contre le sol où il demeura inerte et immobile.

En ce moment trois coups furent frappés légèrement contre la porte, à intervalles égaux.

Le baron répondit aussitôt à ce signal en frappant de la même façon trois coups sur la table, avec la crosse de l'un de ses revolvers qu'il retira de sa ceinture et qu'il posa à portée de sa main.

La porte s'entr'ouvrit, un homme se glissa par l'entre-bâillement, referma soigneusement la porte derrière lui, jeta un regard inquisiteur autour de la salle et s'approcha du baron avec les allures cauteleuses et félines d'un chat qui se risque pour la première fois dans des parages qui lui sont inconnus.

Cet homme était d'une taille élevée, un immense manteau l'enveloppait tout entier et cachait la partie inférieure de son visage dont le haut était protégé par les ailes rabaissées sur ses yeux de son chapeau de feutre gris; par derrière, le bas du manteau était relevé par le long fourreau d'acier d'une large rapière et laissait apercevoir des bottes éperonnées et souillées de boue.

Arrivé près du baron de Stambow qui l'avait laissé s'approcher de lui sans prononcer une parole, mais en le regardant fixement et en jouant négligemment avec la crosse de son revolver, l'inconnu écarta son manteau, et en même temps il ôta son chapeau qu'il jeta sur la table; par ce double mouvement l'inconnu laissa apercevoir son visage jeune, fort beau, presque imberbe, qui avait quelque chose de féminin, et dont la physionomie eût été d'une grande douceur, sans la flamme froide et sombre à la fois qui jaillissait de ses grands yeux d'un bleu de faïence, ombragés par des cils longs et soyeux qui ne parvenaient pas à en modérer l'éclat; il portait un brillant costume demi-militaire qui devait être entièrement de fantaisie et servir à dissimuler son rang et sa position réelle dans la société allemande.

— Mon cher baron, dit-il sans autre préambule d'une voix harmonieusement timbrée et d'une extrême douceur, vous me permettrez de me mettre à mon aise, n'est-ce pas? d'autant plus que nous sommes ici à l'abri de tous regards indiscrets, je suppose.

— Nous sommes chez nous, mon cher

comte, répondit le baron en souriant, ne vous gênez en rien.

— Merci ; figurez-vous que j'ai crevé deux chevaux, je suis venu à franc étrier ; il paraît que ce que j'ai à vous remettre est important ; le diable soit de la guerre, va ! j'étais si heureux, je menais une si charmante existence dans mon petit hôtel de la rue du Helder à Paris.

— Pardon, mon cher comte, interrompit le baron avec une légère teinte d'impatience, je ne m'attendais pas à l'honneur de votre visite. Je suppose que pour que votre noble cousin, Son Excellence le comte de Moltke, ait daigné vous envoyer vers moi ainsi à franc étrier, comme vous me l'avez dit vous-même, il faut qu'il ait eu de bien puissants motifs.

— Je le crois aussi, car mon cher cousin m'a recommandé de faire une extrême diligence et de ne m'arrêter que lorsque je vous aurais rencontré.

— Vous voyez bien ; je vous serai donc extrêmement obligé de me remettre, sans retard, les dépêches dont sans doute vous êtes porteur.

— Oh ! un instant, que diable, mon cher baron, laissez-moi le temps de respirer ; vous imaginez-vous que ce soit un jeu d'enfant pour un homme comme moi, accoutumé à toutes ses aises, de faire vingt lieues sans quitter la selle, toujours à fond de train dans des chemins exécrables, et qui n'existent en réalité que sur la carte ; je suis rompu.

Tout en parlant ainsi, le jeune homme prit sur la table une cruche de bière, remplit un énorme vidercome et le vida tout d'une haleine avec une évidente satisfaction.

Le baron fronça le sourcil, mais il se contint et attendit patiemment le bon vouloir de ce singulier courrier de cabinet ; il avait entendu parler du comte Horacio von Eckenfels ; il savait que le comte de Moltke avait pour lui une amitié presque paternelle, et il jugea prudent de ne pas se brouiller avec lui.

— Ah ! fit le jeune homme en reposant le vidercome vide sur la table, entre nous, mon cher baron, j'avais besoin de ce rafraîchissement. Au diable mon noble cousin, ajouta-t-il en riant. Cela lui est égal à lui, il fait la guerre du fond de son cabinet, bien chaudement, bien à son aise, et surtout à l'abri des balles, pour lesquelles il professe un si profond dégoût, qu'il ne peut les entendre siffler sans tressaillir et devenir blême comme un déterré.

— Comte, comte ! interrompit vivement le baron.

— Eh bien, quoi ! qu'avez-vous, mon cher baron ? je dis que mon noble cousin est un poltron ; vous le savez aussi bien que moi ; c'est connu de tout le monde, cela ; c'est un très-grand stratégiste ; je le reconnais, mais je vous le répète, s'il fallait donner de sa personne et exécuter lui-même ses admirables plans, la guerre serait vite finie.

— Ce que vous dites là est fort grave, mon cher comte.

— Allons donc, vous plaisantez ; je l'ai répété cent fois à mon cousin, en parlant à sa personne, comme m'écrivent si bien ces chenapans d'huissiers français, encore des gaillards que je déteste ; m'ont-ils assez tourmenté pendant mon dernier séjour à Paris ! aussi, s'il m'en tombe jamais un entre les mains, il peut être tranquille, celui-là paiera pour les autres, je vous le promets.

Et il se mit à rire bruyamment, le baron prit le parti de l'imiter.

Le comte vida un second vidercome, alluma un magnifique régalia, puis enfin, il se décida à sortir les dépêches de la poche de côté de son uniforme de fantaisie.

— Tenez, mon cher baron, dit-il en les lui remettant, soyez heureux, voilà ces fameuses dépêches ; que le diable les emporte et celui qui m'en a chargé.

Le baron s'en saisit vivement.

— Vous permettez, mon cher comte, dit-il.

— Faites, faites, ne vous occupez pas de moi ; je suis assis, je bois, je fume, j'ai chaud, que puis-je désirer davantage ? c'est égal, ajouta-t-il entre ses dents, aussitôt la guerre terminée, et Dieu veuille qu'elle finisse promptement, je retournerai m'installer à Paris, on a beau dire, ce n'est encore que là qu'on sent son cœur battre, et qu'un gentilhomme peut mener une existence convenable ; au moins si l'on se ruine on sait pourquoi, et surtout comment. Oh ! Paris.

Il vida son vidercome en hochant tristement la tête et aspirant à plusieurs reprises son cigare, il s'enveloppa d'un nuage de fumée au milieu duquel il disparut presque entièrement.

Le baron avait ouvert la dépêche; il la parcourut d'abord des yeux, puis il la relut lentement, posément et comme s'il en eut pesé chaque mot et commenté chaque terme; lorsqu'il eut enfin terminé, il laissa tomber sa tête sur sa poitrine et pendant quelques minutes, il sembla se plonger dans des réflexions qui n'avaient rien de fort agréable, à en juger du moins par la contraction nerveuse de ses traits.

Enfin il releva la tête, sortit de son portefeuille tout ce qui lui était nécessaire pour écrire, jeta autour de lui un regard distrait, se gratta le front à deux ou trois reprises et enfin il se mit à écrire avec une rapidité qui avait quelque chose de fébrile; pendant plus de vingt minutes sa plume courut sur le papier sans s'arrêter, s'absorbant complétement dans le travail qu'il acheva enfin et qu'il signa sans le relire tant il était certain de n'avoir rien oublié, et de n'avoir pas même un mot à changer; il plia le papier, le cacheta, puis il se tourna vers le comte de Eckenfels, qui, lui, n'avait pas changé de position et avait continué, avec cette impassibilité morose qui caractérise les Allemands, à boire et à fumer, en regardant avec béatitude s'évaporer en nuages bleuâtres et odorants la fumée de son cigare.

— Monsieur le comte ?... dit-il.

— Monsieur le baron, répondit le jeune homme avec le tressaillement nerveux d'un homme réveillé en sursaut, que désirez-vous?

— Votre cheval est-il frais ?

— Hum ! pas trop.

— Tout au moins il est en état de faire cinq ou six lieues ?

— Je l'espère, mais pourquoi toutes ces questions, s'il vous plaît ?

— Tout simplement pour ceci, monsieur le comte, vous allez à l'instant monter à cheval, et partir pour le quartier général, où vous vous rendrez sans vous arrêter, en faisant la plus grande diligence.

— Moi ! au diable ! plaisantez-vous, mon cher baron ?

— Je ne plaisante pas, monsieur le comte, répondit sèchement M. de Stambow, et il ajouta en se levant : Service.

Le comte, tout maugréant, se dressa comme poussé par un ressort.

— La dépêche ? dit-il en saluant.

— La voici.

Le comte prit la dépêche, la serra dans son portefeuille, puis il remit son chapeau sur sa tête, son manteau sur ses épaules, et s'inclinant devant le baron :

— Les ordres ? dit-il.

— Cette dépêche doit être remise en mains propres au comte de Moltke, à lui seul ; si vous étiez arrêté en route par les francs-tireurs français, vous l'anéantiriez plutôt que de vous la laisser prendre ; c'est compris ?

— Compris.

— Je puis compter sur votre diligence ?

— Vous pouvez y compter.

— Adieu, monsieur le comte ; bon voyage.

— Adieu, monsieur le baron ; bonne chance.

Le comte salua une dernière fois, pivota sur les talons et sortit avec toute la raideur prussienne ; un instant plus tard on entendait un cheval qui partait à fond de train.

Le baron, demeuré seul, resta appuyé les coudes sur la table et laissa tomber sa tête dans ses mains.

Quelques minutes s'écoulèrent ainsi, puis un nouveau signal fut donné au dehors, et un homme vêtu en paysan pénétra dans la salle.

— Ah! c'est toi, Bidelmann, dit le baron, en le poussant de la main, tu viens bien tard.

— Ce n'est pas de ma faute, herr baron, répondit le nouveau venu d'une voix câline, en tordant les ailes de son chapeau dans ses mains ; j'ai fait pourtant grande diligence.

— As-tu des nouvelles au moins ?

— Vous allez en juger, herr baron, répondit-il avec un sourire madré.

— Bon ; mais d'abord mets-toi à ton aise ; assieds-toi là près de moi ; voici un vidercome, de la bière, du tabac et des pipes, bois et fume, ne te gêne pas.

Le paysan ou soi-disant tel, obéit ponctuellement à l'invitation qui lui était faite.

— Là, maintenant, reprit le baron, ouvrons le sac aux nouvelles, que sais-tu ?

— Pas mal de choses, interrogez-moi, vous verrez.

— Strasbourg d'abord ?

— La ville est aux abois ; elle manque de tout ; cependant les habitants ne faiblissent pas, ils continuent à se défendre comme des lions.

— Je sais tout cela, je sais aussi que ce n'est plus qu'une question de jours, peut-être d'heures ; autre chose.

— J'ai réussi à pénétrer de nuit dans la ville, en me faisant passer pour un franc-tireur d'Altheinheim, j'avais eu la précaution de me munir d'un paquet de dépêches pris sur un officier français arrêté quelques jours auparavant en essayant de forcer les lignes. J'ai été reçu à bras ouverts par ces pauvres diables de Strasbourgeois ; en voilà qui nous détestent, ce n'est pas pour les vanter, mais ils ont une rude dent contre nous ; on me prenait naturellement pour un Français, aussi c'était à qui me choierait le plus ; il n'y avait rien de trop bon pour moi, ils se retiraient littéralement le pain de la bouche pour me le

donner, et Dieu sait s'il est rare à Strasbourg ; la ville n'est plus reconnaissable, ce ne sont plus que des ruines partout ; les habitants campent sur les places, logent dans les égouts, les caves, partout enfin où ils supposent être à l'abri des bombes ; ils meurent de faim, riches comme pauvres, mangent les chiens, les chats, les rats, enfin les choses les plus répugnantes ; aussi il faut les voir ; ils ressemblent à des cadavres ambulants, n'ont plus que la peau sur les os et ne se soutiennent que par miracle, et cependant ils ne se découragent pas, femmes, enfants, vieillards, tout le monde lutte d'entrain et de courage.

— Passe, passe, fit le baron d'une voix étranglée, parle-moi de ceux que je connais.

— Très-bien, nous y voilà ; vous savez que Mme Hartmann, sa fille et le capitaine Michel ont réussi, on ne sait comment, à s'échapper avant l'investissement.

— Je le sais, je les ai vus.

— M. Hartmann le père, aidé et soutenu par son ami le docteur Kusian, s'est installé à la mairie ; ces deux hommes ont réussi à galvaniser la population, ils sont à eux deux l'âme de la défense, rien ne les abat, ne les décourage ; leur dévouement est infatigable ; ils sont debout jour et nuit, excitant les uns, réprimandant les autres, consolant les plus malheureux, faisant sans regrets tous les sacrifices pour soulager les plus grandes misères, et avec cela toujours présents là où le danger est le plus terrible.

— Oui, murmura le baron à part lui, ce sont des hommes d'une autre époque, des âmes d'élite, après, après...

— Ils ont obtenu qu'un certain nombre de femmes et d'enfants pussent sortir de la ville sans être inquiétés et se retirer en Suisse ?

— Hein ? que dites-vous ? s'écria-t-il avec un tressaillement nerveux, des femmes et des enfants ont été autorisés à sortir de Strasbourg et à se retirer en Suisse.

— Oui, herr baron, et cela a été difficile à obtenir, mais enfin la permission a été donnée ; Mme Hartmann, la mère, a refusé de partir, prétendant que son fils donnant l'exemple du courage et du dévouement aux hommes, elle devait donner le même exemple aux femmes, et elle est demeurée bravement dans sa maison, à demi écroulée sous les bombes ; mais Mme Walter et sa fille Charlotte n'ont pas montré tant de stoïcisme, elles se sont hâtées de profiter de la permission,

— Ah ! ah ! Et Mme de Valréal ?...

— Elle est partie avec elles ; depuis quelque temps, il paraît que ces dames étaient devenues amies intimes ; Mme de Valréal ne quittait plus la maison de M. Hartmann ; ces dames sont donc parties de compagnie ; il s'est même passé quelque chose d'assez drôle au moment du départ ; vous souvenez-vous, monsieur le baron, d'avoir connu à Strasbourg un banquier fort riche ?

— M. Jeyer ! s'écria-t-il vivement.

— C'est cela même. Vous l'avez connu ?

— Parfaitement. Lui serait-il arrivé quelque chose ?

— Vous allez voir ; il paraît qu'il est des nôtres.

— En effet. Eh bien ?

— J'étais chargé par le général en chef de lui remettre une certaine dépêche, fort importante à ce qu'il paraît ; mais comme avant tout il faut être prudent et que je ne voulais pas compromettre ma popularité, au lieu d'aller tout droit chez lui, je m'informai adroitement et sans avoir l'air de rien ; bien m'en prit d'avoir agi de cette façon ; il paraît que M. Jeyer, malgré les sentiments patriotiques qu'il affectait, le républicanisme dont il faisait étalage, avait été dénoncé comme partisan de l'Allemagne ; on avait observé secrètement sa conduite, certaines choses avaient paru suspectes ; bref, la police s'était un jour présentée à l'improviste chez lui, des recherches avaient été faites et on l'avait arrêté.

— Arrêté, M. Jeyer ! s'écria-t-il avec un mouvement de terreur.

— Oui, il était même question de le faire comparaître devant un conseil de guerre ; mais il est fort riche, comme vous savez.

— Fort riche, en effet, répondit-il machinalement.

— Je ne sais comment il fit, mais il réussit à s'échapper de prison et à se cacher si bien qu'il fut impossible de remettre la main dessus ; au moment où les femmes allaient sortir de la ville, Mme de Valréal, qui faisait ses adieux à un officier de ses amis, nommé Yvon Kerdrel, un lieutenant de zouaves, un démon incarné qui nous a fait plus de mal à lui seul que tous les autres ensemble...

— Au fait, bavard ; Mme de Valréal, que me disais-tu d'elle ?

— M'y voilà ; tout à coup elle interrompit ses adieux, et désignant au lieutenant une femme qui se tenait près d'elle, le voile baissé :

— Monsieur Yvon, lui dit-elle, arrêtez ce misérable qui essaye d'échapper au châtiment qu'il mérite.

— De qui parlez-vous, madame ? lui demanda le lieutenant.

— De cette femme, ou plutôt de ce lâche déguisé en femme, s'écria-t-elle avec fureur.

— Un homme déguisé en femme ! s'écrièrent avec surprise plusieurs personnes qui avaient entendu ; où est-il ? qu'on l'arrête ! qu'on l'arrête !

— Le voilà, reprit Mme de Valréal, en désignant de nouveau la femme qui essayait vainement de se faufiler dans les groupes et de se perdre dans la foule ; c'est le banquier Jeyer, l'espion prussien ! A cette terrible dénonciation, il se fit dans la foule un bruit, un vacarme dont je renonce à vous donner une idée ; on se rua sur le malheureux, car c'était bien lui en effet, avec des cris et des menaces ; on lui déchira ses habits et si M. Kerdrel et d'autres officiers et soldats ne l'avaient pas énergiquement protégé, il aurait été littéralement mis en morceaux ; enfin, ils réussirent à le sortir de la foule, brisé, meurtri à demi mort, à l'emporter au milieu d'eux et à le conduire à l'hôpital où il doit être encore. Vous comprenez, herr baron, que sachant tout cela, je n'ai pas cherché à le voir, et que j'ai tout simplement anéanti ma dépêche qui aurait pu me compromettre.

— Tu as très-bien fait ; comment as-tu réussi à sortir de la ville?

— Ah! oui ; comment je suis sorti de la ville? Voilà le chiendent.

— Comment! quoi? le chiendent? que veux-tu dire? explique-toi?

— Vous allez voir, herr baron, vous allez voir ; ce n'est pas drôle du tout.

— Bon ; encore quelque aventure.

— Une terrible ; je ne suis pas poltron, vous le savez, herr baron ; eh bien! rien que d'y penser, je sens mes cheveux se dresser sur ma tête.

— Tu as donc eu bien peur?

— Je vous en réponds ; en somme, le métier que je fais est dangereux, c'est vrai, mais je sers mon pays avec dévouement, et j'ai de beaux bénéfices au moyen desquels je fais des économies pour mes vieux jours. Il faut bien vivre, après tout.

— Où veux-tu en venir, bavard insupportable?

— Vous allez voir, herr baron ; j'avais vu et appris à Strasbourg tout ce que j'avais intérêt à voir et à apprendre, je sentais le sol brûler sous mes pieds et je me préparais à m'échapper par la porte de l'hôpital, où je savais que d'après ce qui avait été convenu, des amis étaient prêts à me recevoir ; il avait été entendu que je quitterais la ville entre une heure et deux heures du matin, et qu'on veillerait de façon à être sur ses gardes dès que je donnerais le signal ; c'est bon, il était à peu près dix heures du soir, je m'étais résolu à partir cette nuit même, et je faisais un somme en attendant l'heure, lorsque je fus brusquement réveillé en sursaut par un individu qui me secouait le bras à me le démancher ; j'ouvris les yeux et je me mis sur mon séant, un homme était près de moi, une lanterne était posée à terre, il me tirait le bras de la main gauche et de la droite il tenait un pistolet dont le canon était appuyé sur ma poitrine ; je voulus crier, — Silence! me dit cet homme ; je le reconnus alors : c'était le lieutenant Kerdrel, il s'était je ne sais par quel moyen introduit dans mon logement. — Que me voulez-vous ? lui demandai-je. — Tu vas le savoir, me répondit-il brutalement, pas un mot, pas un geste ou tu es mort ; tu me connais ; ainsi écoute-moi. Je le connaissais en effet, aussi je demeurai coi ; il reprit : Tu nous a trompés, tu es un traître, un espion prussien, tu t'es introduit dans la place pour donner à l'ennemi des renseignements contre nous ; si je dis un mot, tu seras pendu avant dix minutes ; tu dois avoir les moyens de sortir sain et sauf et sans être inquiété de la ville, il faut que je quitte Strasbourg, veux-tu me servir? Réfléchis avant que de me répondre ; je te donne cinq minutes. En effet, il attendit cinq minutes, immobile et muet auprès de moi, mais sans retirer son diable de pistolet, toujours posé sur ma poitrine ; j'étais plus mort que vif, j'avais la chair de poule, et à chacun de mes cheveux perlait une goutte de sueur froide. Enfin, il reprit : As-tu réfléchi? — Je suis entre vos mains répondis-je ; ordonnez, que faut-il faire ? — M'aider à sortir de la ville, je te l'ai dit, me donner les mots qui servent à te faire reconnaître, de plus me faire franchir les lignes de l'armée d'investissement, lorsque j'aurai passé les grand'gardes, que je serai relativement en sûreté, je te donnerai cinq cents francs. En définitif, toute peine mérite salaire et la loyauté d'où qu'elle vienne doit être récompensée. Seulement je t'avertis qu'au premier mot, au premier geste suspects, je te brûle la cervelle comme à un chien ; si promptement qu'on vienne à ton secours, j'aurai toujours le temps de te tuer, est-ce entendu? — C'est entendu, répondis-je. — A quelle heure partons-nous ? — A une heure. — C'est bien ; pour plus de sûreté nous ne nous quitterons pas et il le fit comme il l'avait dit.

— Eh bien! tu as rempli ta promesse?

— Bien à contre-cœur ; mais ce diable d'homme a des arguments irrésistibles, il m'aurait tué, j'ai préféré vivre pour me venger.

— Pourquoi, lorsque vous vous êtes séparés, ne l'as-tu pas dénoncé aux grand'garde ?

— Pourquoi? Ah! voilà. C'était bien mon intention, mais il s'est méfié; c'est un démon incarné, vous dis-je; lorsque nous avons eu traversé les lignes, au moment où je me préparais à prendre mes jambes à mon cou, il a sauté sur moi, m'a renversé, et avant que j'aie pu reprendre ma présence d'esprit, il m'a garrotté, bâillonné et couché dans un fossé, où je suis resté jusqu'à huit heures du matin, où une patrouille de uhlans m'a découvert par hasard et délivré. Ce qui me fait beaucoup de chagrin dans tout cela, c'est que ces brigands de uhlans m'ont volé les cinq cents francs que l'officier m'avait donnés selon sa promesse; un argent si bien gagné! Des Allemands dépouiller un de leurs compatriotes, n'est-ce pas odieux, herr baron ; voler les Français, à la bonne heure !

— C'est bien fait pour toi, tu n'as eu que ce que tu méritais, tu as agi comme un imbécile et un sot.

— Moi !

— Eh oui, idiot! la frayeur t'a fait perdre la tête, sans cela tu te serais souvenu que les Français, les officiers surtout, n'assassinent jamais de sang-froid un homme sans défense, ils ont un point d'honneur ridicule qui les en empêche; ils se croiraient déshonorés s'ils se laissaient aller à exécuter une pareille menace, faite seulement dans le but d'effrayer.

— Ah! si j'avais su cela ! s'écria-t-il en se frappant le front avec désespoir ; dame, je ne connais pas les officiers français, moi, je croyais qu'ils étaient comme les nôtres, voilà pourquoi j'avais si grand'peur ; les officiers prussiens ne se gênent pas pour tuer un homme et même une femme lorsqu'ils croient qu'il est de leur intérêt de le faire.

— A présent parle-moi des francs-tireurs.

— Ceci est une autre chanson.

— Est-ce qu'il y a du nouveau ?

— Beaucoup.

— Voyons.

En ce moment on frappa trois coups à la porte.

— Entendez-vous? dit l'espion.

— Oui, répondit le baron, en donnant le signal; c'est un ami, je l'attendais.

La porte s'ouvrit doucement et un homme entra.

X.

UNE EXPLICATION ORAGEUSE

Le nouveau venu était un homme de trente-cinq ans, grand, élancé, bien pris dans sa taille, mince sans être maigre; ses traits fins et distingués, ses yeux noirs pleins de feu, sa physionomie intelligente, franche et ouverte, avaient une rare expression d'audace et d'énergique volonté ; son costume, excessivement simple, ressemblait à celui des montagnards vosgiens, avec cette seule différence qu'il était chaussé de bottes molles montant jusqu'au-dessus du genou, que sa taille était serrée dans les plis multiples d'une large ceinture bleue, par-dessus laquelle était agrafé le ceinturon en cuir verni d'un long sabre droit à fourreau de fer et à poignée d'acier, et qui soutenait en même temps deux magnifiques revolvers à six coups, enfermés dans des fourreaux de cuir fauve.

Après avoir soigneusement refermé la porte derrière lui, cet homme s'approcha de la ta-

LE BARON FRÉDÉRICK — PRIS AU PIÈGE

Après une rencontre.

ble près de laquelle étaient assis le baron et l'espion Bidermann, et après avoir d'un léger signe de tête salué les deux hommes, il se débarrassa de l'ample manteau dans lequel il était enveloppé, et le jeta négligemment sur une chaise.

M. de Stambow, non-seulement l'examinait avec la plus sérieuse attention, mais encore il suivait ses mouvements avec une surprise qu'il ne se donnait pas la peine de cacher; lorsque le nouveau venu, en retirant son manteau, eut entièrement laissé voir ses traits, que le baron n'avait pu distinguer que vaguement jusque-là, il poussa une exclamation étouffée de surprise, et il étendit la main vers ses revolvers déposés près de lui sur la table, mais cependant sans les prendre.

— Maintenant, dit l'étranger s'asseyant sur une chaise, en face du baron, causons un peu.

— Mais d'abord, monsieur, dit le baron, qui êtes-vous et comment êtes-vous ici?

— Nous procédons par interrogation, à ce qu'il paraît, répondit l'inconnu en retirant de sa poche un élégant porte-cigares qu'il ouvrit, et dans lequel il choisit un cigare ; soit, je ne demande pas mieux; lorsque vous aurez terminé, je recommencerai, ce sera chacun notre tour; ce mode de conversation me plaît beaucoup, malgré son semblant de cour d'assises.

— Faut-il que je vous répète ma question, monsieur? reprit le baron avec hauteur.

— Comme il vous plaira, monsieur, répondit-il avec un léger signe de tête, tout en lissant avec les lèvres le cigare qu'il avait choisi.

— Je la répéterai donc. Qui êtes-vous? et comment êtes-vous ici?

— Vous avez donné rendez-vous dans ce bouge à plusieurs personnes, chacune de ces personnes convoquées par vous avait reçu un mot d'ordre et un signe de reconnaissance, n'est-ce pas cela ?

— En effet, monsieur.

— Vous voyez donc que votre double question était inutile, ma présence même le prouve ; comment serais-je entré ici si je n'avais eu ni le mot d'ordre ni le signe de reconnaissance, et comment aurais-je eu ce signe et ce mot si je n'avais pas été convoqué ? Je crois donc que vous ferez bien d'abandonner cette question et de passer à une autre.

Et il alluma tranquillement son cigare.

— Je ne veux ni épiloguer, ni discuter avec vous, fit le baron, avec une sourde colère ; venons au fait, s'il vous plaît.

— D'abord, qu'appelez-vous le fait ? répondit-il avec une aisance parfaite et comme s'il eût discuté dans un salon une question de droit ou d'économie politique.

— Votre présence dans cette auberge, que rien ne justifie à mes yeux.

— Ainsi vous n'admettez pas mon explication ?

— Vous ne m'avez rien expliqué qui me prouve que par des moyens que j'ignore, à prix d'argent peut-être, vous ne vous êtes pas procuré le mot d'ordre et le signe de reconnaissance qui devaient vous faciliter...

— Vous brûlez, monsieur le baron, interrompit-il avec un sourire railleur.

— Comment, je brûle !

— Je veux dire que vous vous approchez de la vérité.

— Vous convenez donc que vous avez acheté...

— Pardon, je ne conviens de rien, seulement vous me semblez être sur la voie ou à peu près et je le constate, voilà tout ; veuillez continuer, je vous prie, ajouta-t-il en croisant négligemment sa jambe gauche sur la droite.

— Prenez garde, monsieur, je n'ai qu'un mot à dire, un geste à faire.

— Mais ce mot vous ne le direz pas, ce geste vous ne le ferez point, répondit-il doucement.

— Vous croyez ?

— J'en suis sûr.

— Et que ferez-vous pour cela ? s'écria-t-il les dents serrés.

— La moindre des choses, avant même que vous ayez eu le temps de crier ou de prendre les armes dont vous caressez si amoureusement les crosses, je vous aurai brûlé la cervelle.

Tout en prononçant ces paroles avec un calme d'autant plus terrible qu'il était facile de voir à l'éclair de son regard qu'il exécuterait sa menace sans hésitation, il sortit un revolver de sa ceinture et en dirigea les canons sur M. de Stambow.

Si brave que fût celui-ci, il sentit un frisson de terreur courir dans ses veines, son bras déjà étendu retomba inerte sans qu'il essayât de saisir ses armes.

— Mais enfin, s'écria-t-il avec un désespoir qui en toute autre circonstance moins terrible eût été comique, que me voulez-vous ? je ne vous connais pas, moi.

— C'est un avantage que j'ai sur vous, vous ne me connaissez pas, cela est vrai ; mais, moi, je vous connais, très-particulièrement même.

— Vous !

— J'ai cet honneur, monsieur le baron de Stambow.

— Soit, admettons cela ; je ne comprends pas quel motif assez puissant a pu vous pousser à vous hasarder ainsi au milieu de l'armée allemande, au risque d'être reconnu et arrêté comme espion, et cela pour m'obliger à vous donner audience.

— Vos déductions pèchent par la base, monsieur le baron, il ne s'agit pas d'une audience, mais d'une explication fort grave.

— Une explication entre nous ?

— Vous allez me comprendre ; j'ai des raisons, non pas particulières, mais générales, pour tenir essentiellement à cette explication ; il est vrai que vous ne me connaissez pas et que jamais vous n'avez eu avec moi de relations directes.

— Eh bien, alors?

— Attendez donc, mon Dieu! que vous êtes impatient! Monsieur, vous êtes Prussien, tout ce qu'il y a de plus Prussien même ; vous le reconnaissez, n'est-ce pas?

— Certes, monsieur, et j'en suis fier.

— Il n'y a pas de quoi.

— Monsieur...

— Ne nous fâchons pas, c'est votre affaire ; je n'ai rien à y voir, mais ce qui me touche tout particulièrement, le voici : Il vous a plu, ayant un métier assez vilain à faire, de renier votre nationalité, et, à votre arrivée en France, de vous faire passer pour Polonais ; sous cette nationalité d'emprunt, vous avez capté la confiance des plus honorables familles de Strasbourg, vous avez trahi les Français qui vous avaient tendu généreusement une main amie, et, comme vous êtes malheureusement doué d'une intelligence réellement remarquable, vous avez pratiqué l'espionnage d'une façon fort avantageuse pour les projets du loup-cervier que vous reconnaissez pour roi.

— Ah çà! mais à la fin, vous vous moquez de moi, monsieur! s'écria le baron avec violence.

— Vous avez mis le temps à vous en apercevoir, monsieur, répondit l'inconnu avec un salut ironique.

— Finissons-en, monsieur, que voulez-vous?

— Je vais vous le dire : vous n'étiez, vous, qu'un Polonais de contrebande ; je suis, moi, un Polonais de la Pologne, un vrai Polonais, comme dit une chanson très-drôle qui se chante depuis vingt ans à Paris dans tous les ateliers de peintres ; j'ai trouvé fort mauvais que vous usurpiez une nationalité aussi honorable qu'est la nationalité polonaise pour couvrir votre métier infâme ; les Polonais doivent beaucoup à la France ; ils lui sont reconnaissants de leur avoir offert une hospitalité fraternelle, ils sont et seront toujours prêts à verser leur sang pour cette grande et généreuse nation ; il ne faut pas qu'il soit dit que, dans une guerre comme celle-ci, il se soit trouvé parmi nous un lâche et un faux frère ; aussi ai-je fait le serment, et ce serment je le tiendrai, soyez tranquille, de laver dans votre sang la tache que vous avez osé jeter sur nous tous.

— Ah ! fit-il avec une rage sourde.

— Je vous sais brave ; peut-être cette qualité est-elle la seule que vous possédez ; on nous nomme les Français du Nord, à cause de notre courage aventureux, et peut-être aussi de notre esprit ; or, comme selon toute probabilité vous vous seriez bien gardé, si je vous avais adressé une provocation écrite, de vous rendre à mon appel, non pas peut-être par crainte, mais simplement parce que vous êtes un homme très-positif et surtout très-ambitieux ; que, d'un autre côté, je vous considère comme un être malfaisant et essentiellement nuisible, j'ai trouvé piquant de venir vous relancer, au milieu de tous vos amis et dignes complices, de me jeter à travers vos admirables combinaisons et de vous proposer, de façon à ne pas être refusé, de croiser votre épée contre la mienne ; je sais bien que je vous fais là plus d'honneur que vous n'en méritez ; mais, ma foi, qui veut la fin veut les moyens, et je suis résigné à courir les chances de ce duel.

— Et, s'il ne me plaisait pas à moi, monsieur, d'accepter cette proposition ? fit-il avec hauteur.

— Le cas est prévu.

— Ah ! que feriez-vous ?

— Je vous tuerais comme un chien enragé ; ainsi, croyez-moi, laissez là vos revolvers qui vous sont inutiles et tirez votre épée ; votre digne compagnon, qui jusqu'à présent a gardé un religieux silence, nous servira de témoin, faute de mieux.

Il y eut un court silence. M. de Stambow

réfléchissait ; peut-être cherchait-il dans son cerveau, si fertile en expédients, un moyen honorable ou non, peu lui importait, d'éviter cette rencontre; mais l'inconnu veillait attentivement sur ses moindres gestes.

— Monsieur, reprit-il, il est évident pour moi que les raisons que vous faites valoir ne vous servent que de prétextes pour masquer des motifs plus graves.

— Peut-être avez-vous raison, monsieur, répondit l'inconnu d'un ton glacial ; mais, ces raisons étant suffisantes, il importe très-peu que je vous déduise les autres.

— Soit ; et maintenant, tenez-vous bien, monsieur, car je vous avertis que je sais tenir une épée.

— Je le sais, monsieur, mais j'ai, moi aussi, l'épée assez bien en main.

Le baron dégaina sa longue rapière et, en même temps, il tomba en garde avec une précision et une science qui témoignaient d'une longue étude de l'art de l'escrime.

L'inconnu avait déjà l'épée à la main.

Alors commença entre ces deux hommes un combat acharné et silencieux.

Le baron menaçait l'inconnu avec une rapidité extrême, tantôt au visage, tantôt à la poitrine ; mais l'épée de celui-ci, tenue par un poignet solide, suivait l'épée adverse comme le fer suit l'aimant, se tortillant, s'enlaçant, pour ainsi dire autour d'elle, sans jamais la quitter.

Près de cinq minutes s'écoulèrent ainsi; l'inconnu n'avait pas porté un seul coup, mais il les avait parés tous.

L'inconnu était froid, calme et railleur, comme s'il eût fait assaut dans une salle d'armes ; le baron, au contraire, avait le sang au visage et la rage au cœur, il ne s'était pas attendu à une aussi grande résistance.

Enfin, sur un dégagement plus rapide que les autres, l'inconnu arriva un peu tard à la parade; il sentit la pointe du fer qui lui effleurait la poitrine.

— Touché ! s'écria le baron d'une voix sourde, avec un ricanement féroce.

— Bah ! moins que rien, répondit en riant son adversaire; manche à manche, ajouta-t-il en le piquant au bras droit.

— Oh ! hurla le baron avec rage.

— A la belle, maintenant, répondit l'inconnu, sans autrement s'émouvoir.

Le combat reprit alors plus acharné et plus vif que jamais; les deux adversaires engageaient enfin la partie suprême.

Cependant l'espion Bidermann, seul témoin de ce duel terrible, car personne ne se préoccupait de l'hôtelier gisant sous la table et, en apparence, plus qu'à demi mort; l'espion Bidermann, disons-nous, loin d'assister impassible aux péripéties émouvantes du drame qui se jouait sous ses yeux, était au contraire fort perplexe et surtout fort inquiet. Toutes ses sympathies étaient acquises naturellement au baron, et mentalement il formait des vœux sincères pour qu'il sortît vainqueur de ce combat dangereux; il avait tressailli d'aise à la blessure reçue par l'inconnu, mais cette joie n'avait pas tardé à faire place à la plus grande tristesse, lorsqu'à son tour le baron avait été frappé ; aussi, dès ce moment, le digne homme n'eut plus qu'une pensée : venir en aide à celui qu'il considérait comme étant son patron.

Mais comment lui venir en aide? Là était le difficile, c'était en vain que l'espion se creusait la tête ; son intelligence rebelle lui refusait tout secours; soudain un sourire de satisfaction crispa ses lèvres minces, tandis qu'un éclair de haine illuminait son regard oblique; l'espion, vêtu en paysan, ne portait pas d'armes, apparentes du moins ; mais, par précaution et comme en cas, il avait caché dans une des vastes poches de son pantalon, un de ces redoutables couteaux catalans, dont la lame est large de trois pouces, longue de dix, qui se ferment, et lorsqu'on les ouvre ont un cran qui les empêche de se refermer, et mesurent alors près de vingt-trois pouces; il s'agissait tout simplement d'ouvrir tout doucement le couteau, de se précipiter à l'improviste sur l'inconnu et le lui plonger dans la poitrine ou ailleurs; de cette façon le baron était débarrassé de son ennemi, et lui, Bidermann généreusement récompensé par le vainqueur pour son intervention; comme on le voit, c'était tout profit.

Heureusement, l'espion avait complétement oublié maître Hertzog; le digne hôtelier n'était pas aussi malade qu'il lui convenait de le laisser paraître; lui aussi avait à se venger, et, depuis l'entrée de M. de Stambow dans la salle, toutes ses pensées, toutes ses aspirations, tous ses désirs tendaient vers ce but; nous l'avons vu ramper comme un serpent pour se rapprocher du baron. Si, jusqu'à ce moment, il avait assisté impassible à tout ce qui s'était passé, c'est qu'il n'avait pas voulu compromettre sa vengeance par trop de précipitation; il guettait l'occasion d'intervenir, lui aussi, d'une manière décisive.

Il avait suivi avec des tressaillements de joie les manœuvres ténébreuses de l'espion; il l'avait vu fouiller dans la poche de son pantalon, en retirer le couteau, l'ouvrir avec précaution, afin d'empêcher le ressort de produire en se détendant un bruit qui aurait pu le trahir, et, à l'instant où Bidermann s'était levé ou plutôt avait bondi sur ses pieds en poussant un ricanement de hyène, le brave hôtelier l'avait brusquement saisi par les jambes comme dans un étau, l'avait attiré à lui avec force, de telle sorte que l'espion avait perdu l'équilibre et sans pouvoir se retenir, tant cette attaque était subite, il avait roulé sur le sol en laissant échapper le couteau.

Maître Hertzog avait alors bondi sur son ennemi, lui avait appuyé le genou sur la poitrine en même temps qu'il le saisissait à la cravate, et s'armant du couteau, il le lui avait plongé dans la gorge; le misérable poussa un gémissement sourd, se tordit dans une convulsion suprême, et il demeura immobile; il était mort.

L'hôtelier considéra une seconde sa victime d'un œil froid, puis il essuya la lame du couteau, le ferma, le mit dans sa poche, se releva, s'approcha de la table, s'empara des deux revolvers du baron, les passa à sa ceinture et s'assit tranquillement sur une chaise en murmurant à demi voix :

— Franc jeu, Dieu décidera.

Et il se mit à suivre avec le plus grand intérêt les péripéties de cette lutte qui désormais ne pouvait être de longue durée.

Cette scène que nous avons racontée s'était passée en quelques secondes à peine, de sorte que le combat continuait avec la même animosité.

Cependant l'inconnu, quelle que fût sa vigueur, commençait à sentir son épée peser plus lourdement à sa main, et il se sentait envahir par la lassitude d'une lutte si prolongée, il comprit qu'il était important pour lui d'en finir au plus vite par un coup décisif, afin de ne pas laisser à son adversaire le temps de s'apercevoir de cette lassitude et d'en prendre avantage; tout à coup, il bondit en avant et s'engagea de si près que les gardes de deux épées se touchèrent; le baron avait trop l'habitude des armes pour ne pas sentir la situation critique dans laquelle il se trouvait si subitement placé ; un coupé sous les armes et il était perdu; il fit aussitôt un saut prodigieux en arrière.

Mais, dans sa précipitation, il avait mal calculé son élan, le talon de sa botte gauche glissa dans la mare de sang qui s'échappait de la plaie béante de l'espion, et il trébucha contre le cadavre; alors, à cause de l'effort qu'il fut contraint de faire pour reprendre son équilibre, sa main droite se leva malgré lui, par un mouvement naturel, presque instinctif; son adversaire profita de ce jour que lui offrait le hasard, il se fendit à fond avec la rapidité de l'éclair, et son épée disparut tout entière dans le corps de M. de Stambow.

L'inconnu, le coup porté, fit à son tour un saut dans les armes pour éviter la riposte; mais cette riposte n'était pas à craindre pour lui.

Le baron demeura quelques secondes immobile à sa place, roulant des yeux hagards, laissa échapper son épée, chancela comme un homme ivre, et portant machinalement les deux mains sur sa plaie béante, il tomba de toute sa hauteur sur le sol, en murmurant d'une voix étranglée :

— Ihr verfluchte Hunde! (Chiens maudits!) Je suis mort!

Une mousse sanglante marbra ses lèvres, il poussa un rugissement de fauve aux abois, essaya de prononcer quelques mots sans y réussir et ferma les yeux; alors ses traits convulsés et crispés par la douleur prirent une rigidité marmoréenne; une pâleur d'ivoire couvrit son visage, son corps sembla tressaillir tout à coup comme secoué par une convulsion suprême; puis soudain il devint immobile et inerte comme s'il eût été mort.

L'était-il? L'inconnu le crut, et, après s'être penché sur lui et après avoir posé la main sur son cœur, il se releva en hochant la tête et en murmurant :

— Pauvre diable! c'était de son vivant un bien grand misérable!... Dieu lui fasse miséricorde!...

— C'est égal, dit alors l'hôtelier, si ce gaillard-là est mort, ce qui est probable, il n'aura pas à se plaindre, il a été tué dans les règles.

— Eh mais! répondit l'inconnu en poussant du pied le cadavre de l'espion, il me semble que vous n'y allez pas de main morte, vous non plus.

— On fait ce qu'on peut, monsieur; fallait-il vous laisser assassiner par ce misérable?

— Non, sans doute, je vous remercie sincèrement. Je vous dois la vie, je ne l'oublierai pas; en attendant, voulez-vous accepter ma main?

— De grand cœur, monsieur; quant à me payer le service que je vous ai rendu, ce n'est pas la peine, j'ai travaillé encore plus pour moi que pour vous.

— Que voulez-vous dire?

— Regardez mes pauvres pieds.

— En effet, s'écria l'inconnu avec un geste d'horreur, qui vous les a si affreusement brûlés?

— Les Allemands pour se divertir, et passer le temps en attendant l'arrivée de l'homme que vous avez tué.

— Oh! c'est horrible!

— Ils sont entrés de force dans ma maison qu'ils ont mis au pillage; ils ont voulu violer ma femme et ma fille, qui n'ont échappé que par miracle à cette épouvantable insulte; sans provocation de ma part, ils m'ont garrotté et brûlé les pieds ainsi que vous le voyez; j'étais un homme paisible, un vieux soldat qui ne demandait qu'à vivre honnêtement de son travail, sans s'occuper de questions politiques au-dessus de son intelligence, ils ont fait de moi un tigre, tant que je vivrai, je les poursuivrai sans relâche, comme sans pitié.

— Oui, oui, fit l'inconnu en hochant la tête avec tristesse, la guerre que nous fait l'Allemagne est infâme, c'est une guerre de haine, lâche et barbare; mais ne désespérez pas, les Allemands creusent sous leurs pieds un abîme qui les engloutira, l'heure de la revanche sonnera un jour prochain, et alors malheur à ces misérables qui n'ont vaincu que par surprise et qui ont si lâchement abusé de leur prétendue victoire, ils nous ont, à nous aussi, appris la haine!

— Oui, vous avez raison, monsieur, le sang veut du sang; œil pour œil, dent pour dent, voilà comment nous devons les combattre, jusqu'à ce que nous les abattions et les foulions aux pieds comme déjà nous l'avons fait à une autre époque; mais cette fois nous serons sans pitié pour eux comme ils l'ont été pour nous, et leur race abjecte disparaîtra de la terre, indignée d'avoir si longtemps porté de tels misérables. Mais assez sur ce sujet ; quant à présent, songeons au plus pressé ; il faut fuir.

— Fuir, et comment ? vous ne pourriez me suivre dans l'état où vous êtes.

— Ne vous inquiétez pas de moi ; mes blessures, bien que douloureuses, ne sont pas aussi sérieuses qu'elles le paraissent, le temps a manqué à mes bourreaux, je suis prêt à vous suivre partout où vous irez ; seulement, ne perdons pas de temps, on peut entrer ici d'un instant à l'autre.

— C'est vrai ; mais j'attendais quelqu'un qui devrait déjà être ici, je ne voudrais pas m'éloigner sans avoir vu cette personne.

— Me voici, monsieur, répondit une voix douce avec un accent d'indicible fermeté.

L'inconnu et le forestier se retournèrent avec surprise. Mme de Valréal se tenait debout sur le seuil de la porte intérieure, près d'elle était le vieil anabaptiste, et on apercevait par derrière les têtes curieuses de Karl Brunner et de Otto.

— Ah ! vous voilà, mad...

La jeune femme posa un doigt sur ses lèvres.

— Je vous attendais, monsieur, reprit-il.

— Je suis ici depuis longtemps, j'ai tout vu et tout entendu ; mais comment se fait-il, monsieur, que ce soit vous et non la personne à qui ma lettre était adressée que je vois ici ?

— Par une raison bien simple, monsieur, cette personne était absente lorsque votre courrier a apporté la lettre ; c'est donc à moi qu'elle a été remise. Autorisé par mon ami absent à ouvrir ses lettres, j'ai lu la vôtre, le cas était pressant, je suis venu à sa place.

— Seul ?

— Non pas, monsieur, j'ai cent hommes cachés dans les sapinières à deux portées de fusil de cette maison.

— Merci, dit-elle en lui tendant la main, et cependant je vous en veux de ne pas avoir suivi mes instructions, je désirais qu'on le prît vivant.

— C'est juste, pardonnez-moi, monsieur, j'ai eu tort ; mais, à la vue de cet homme je n'ai pas été maître de moi, je me suis laissé dominer par le dégoût et la haine qu'il m'inspirait, et j'ai tout oublié. Quand on trouve une vipère sous ses pieds, il faut lui écraser la tête sous le talon de sa botte, sans cela, elle se redresse et mord, et vous le savez, monsieur, son venin est mortel.

La comtesse hocha tristement la tête, en fixant un regard d'une expression indéfinissable sur le corps de l'homme qu'elle avait tant aimé et qui l'avait si cruellement offensée.

— Que Dieu lui pardonne comme je lui pardonne moi-même, murmura-t-elle en essuyant une larme qu'elle ne put retenir.

— Silence, dit tout à coup l'hôtelier, j'entends un bruit de chevaux au dehors, hâtez-vous de fuir.

— Partons donc, puisqu'il le faut, mais êtes-vous bien certain que ce malheureux soit mort ? répondit la comtesse.

— Je le crois, madame, son cœur a cessé de battre et il a déjà toute la rigidité d'un cadavre.

— Allons donc, alors, puisqu'il le faut.

— Je demeurerai, moi, monsieur, dit l'anabaptiste ; vous n'avez plus besoin de moi, maintenant que vous avez trouvé des amis ; je demeurerai près de ces malheureux, peut-être Dieu permettra-t-il que les soins que je leur prodiguerai ne soient pas inutiles.

— Etes-vous fou de vouloir rester ici ? s'écria l'hôtelier, ne connaissez-vous donc pas les Allemands ?

— Je suis un pauvre homme, un vieillard, que voulez-vous qu'ils me fassent ?

— Votre présence ici peut être fatale, non-seulement à vous, mais encore aux vôtres, fit observer l'inconnu.

— Venez, vieillard, vos soins ne rappelleraient pas ces deux cadavres à la vie, et le danger auquel vous vous exposez est terrible, dit la comtesse avec insistance.

Le vieillard secoua la tête et alla s'asseoir sur le sol, près du corps de M. de Stambow.

— Que la volonté de Dieu soit faite, dit-il doucement, je resterai.

— Partons, partons, s'écria l'hôtelier ; je connais cet homme depuis longtemps, tout serait inutile ; sa résolution est prise, il n'en changera pas.

— Allez, et que le Seigneur vous protége, reprit le vieillard.

— Soit, s'écria l'inconnu, mais je jure Dieu que, si ces misérables osent vous maltraiter, s'il tombe un cheveu de votre tête, je tirerai une vengeance terrible de ces bourreaux, qui ne respectent ni les enfants, ni les femmes, ni les vieillards.

Le galop des chevaux se rapprochait rapidement, il n'y avait pas un instant à perdre.

— Les papiers ! s'écria l'inconnu, nous avons oublié de nous emparer des papiers de ces espions.

— J'y ai songé, moi, répondit l'hôtelier en les lui remettant ; venez, venez.

Ils sortirent, derrière eux la porte fut fermée et solidement barricadée.

Le vieillard se leva et s'approcha de Bidermann, qu'il examina attentivement.

L'espion était bien mort, le corps était déjà presque glacé.

L'anabaptiste s'éloigna avec un geste de désappointement ; il s'approcha du corps du baron.

Après avoir ouvert la tunique, il posa la main sur le cœur du malheureux, et pendant deux ou trois minutes il demeura immobile, son visage reflétant l'anxiété intérieure qu'il éprouvait.

Enfin il se redressa, et une expression d'ineffable bonheur éclaira, comme un rayon de soleil, son calme et beau visage.

— J'ai senti battre son cœur, murmura-t-il, ce n'est pas une illusion, il vit ; mon Dieu, soyez béni, peut-être réussirai-je à sauver une de vos créatures.

Alors il se mit en devoir de prodiguer au blessé tous les soins que réclamait son état, et cela avec une adresse, je dirai presque une science réellement admirable ; en effet, les anabaptistes n'ont jamais recours aux médecins, ils se soignent eux-mêmes et entre eux, en employant des remèdes connus d'eux seuls.

Le digne anabaptiste, tout aux soins pieux qu'il donnait au blessé, ne voyait ni n'entendait rien de ce qui se passait autour de lui ; cependant un coup de pommeau de sabre, rudement assené sur la porte extérieure le fit tressaillir ; il se leva et alla ouvrir cette porte que l'inconnu avait pris le soin, en entrant dans la salle, de fermer en dedans ; plusieurs officiers allemands pénétrèrent aussitôt dans l'hôtellerie ; parmi eux se trouvaient le colonel et le capitaine Shimelmann.

Le vieillard, après avoir ouvert la porte, était retourné paisiblement auprès du blessé, auquel il s'était remis à prodiguer des soins, sans paraître se préoccuper de l'arrivée des officiers allemands.

XI

PAR MONTS ET PAR VAUX

Après avoir réussi à s'échapper si providentiellement de l'hôtellerie et avoir franchi les clôtures sans encombre, les fugitifs rallièrent leurs compagnons restés en vedette au dehors ; et, sous la conduite de l'inconnu, qui semblait posséder une connaissance approfondie des lieux, ils s'engagèrent résolûment dans un sentier de chèvres à peine tracé sur la pente abrupte d'un précipice ; sentier d'un aspect fort peu rassurant et qui,

Nos braves blessés.

au premier abord, paraissait être complétement impraticable ; cependant, au fur et à mesure qu'ils descendaient à travers les chaos de rochers et les buissons épineux poussant au hasard, le sentier se faisait plus facile, et bientôt ils purent, sans cependant cesser de se retenir çà et là aux branches et aux touffes d'herbes, opérer leur descente avec une commodité relative.

Bientôt, lorsque nos voyageurs furent parvenus à peu près aux deux tiers de la descente, l'inconnu obliqua légèrement sur la droite et s'engagea sur une seule pente moins rude et paraissant plus frayée ; ses compagnons le suivirent avec un soupir de soulagement ; maintenant, du moins, il leur était possible de marcher ; le sentier, tout en remontant en pente douce, suivait les flancs du précipice ; il était assez large pour que deux personnes y marchassent de front sans courir le risque d'être précipitées dans le gouffre.

Cette course si rude pour une femme élégante, délicate et habituée, comme l'était la comtesse de Valréal, à tous les raffinements du luxe et du bien-être, se continua ainsi pendant plus d'une heure, sans que la comtesse et le malheureux garde-chasse, dont les pieds brûlés le faisaient horriblement souffrir, articulassent une plainte ; tous deux comprenaient combien il était important pour eux de se mettre au plus vite à l'abri de la vengeance de leurs implacables ennemis que la mort présumée de M. de Poblesko devait avoir rendus furieux. Une grande lueur qui soudain envahit l'horizon et colora le ciel de reflets d'un rouge sanglant, les avertit que les Prussiens avaient livré l'hôtellerie aux flammes, et qu'il leur fallait redoubler de courage et de constance, s'ils voulaient échapper au sort affreux qui les menaçait s'ils retombaient aux mains de leurs ennemis.

Depuis leur départ de la maison forestière, nos personnages n'avaient pas échangé entre eux une seule parole ; ils comprenaient l'importance du silence, dans ces solitudes agrestes où le moindre bruit répercuté par les échos est porté à une incalculable distance, et suffit pour donner l'éveil ; car c'est dans les déserts surtout que chaque bruit a sa signification ; une branche brisée, une pierre détachée du sol et roulant en bondissant le long d'une pente, suffisent pour déjouer les plus minutieuses précautions et révéler à ceux qui les poursuivent la direction prise par des fugitifs.

Enfin, au moment où trois heures du matin sonnaient à un clocher lointain, les voyageurs atteignirent une espèce de clairière assez vaste, au milieu de laquelle s'élevaient les débris informes d'une chaumière ruinée.

— Ici, dit l'inconnu, nous sommes en sûreté, reposez-vous quelques instants.

Chacun sans répondre s'étendit sur l'herbe en poussant un soupir de soulagement.

Malgré sa fatigue physique et morale, la comtesse, au lieu de s'asseoir, s'approcha de l'inconnu qui avait allumé un cigare et se promenait d'un air pensif devant l'entrée de la chaumière.

En voyant la comtesse se diriger vers lui, le jeune homme retira le cigare de ses lèvres et voulut le jeter ; Mme de Valréal l'arrêta d'un geste.

— Je désire causer avec vous, monsieur, de choses fort importantes, dit-elle, et obtenir certains éclaircissements.

— Interrogez-moi, madame, et autant qu'il sera en mon pouvoir j'essaierai de vous satisfaire.

— Je ne doute pas de votre courtoisie, monsieur ; aussi, vous le voyez, je vous fais tout franchement connaître mes intentions.

— Avant tout, madame, reprit-il en pliant son manteau et le posant à terre, veuillez vous asseoir, je vous prie ; vous devez être accablée de fatigue.

— Le fait est, fit-elle en souriant, que j'ai peu l'habitude de courses aussi longues, à travers bois, surtout dans de telles conditions, et pourtant, quoique je sois en effet très-fatiguée, je ne regrette pas cette étrange promenade, elle me donne la mesure de ce que l'on peut attendre et obtenir de ses forces quand on est soutenu par une volonté énergique.

— Vous êtes une femme d'élite, madame, maintes fois vous l'avez prouvé ; aussi, ne vous y trompez pas, bien peu de femmes appartenant à votre monde et accoutumées à tous les raffinements du luxe et du bien-être, auraient été capables de faire ce que vous avez accompli cette nuit.

— Prenez-y garde, monsieur, ceci m'a tout l'air d'un compliment ; je vous ferai observer que le temps et le lieu sont singulièrement choisis pour marivauder, et que nous avons à nous occuper d'affaires sérieuses.

— Je déteste les compliments, madame, je me suis borné à vous exprimer ma pensée ; parlez, je vous écoute, madame.

— Si vous le permettez, monsieur, je procéderai par ordre ; depuis que nous nous sommes si singulièrement rencontrés dans la maison du garde, je vous avoue que je suis tourmentée par le désir de savoir qui vous êtes.

— Hélas ! madame, vous me voyez très-malheureux.

— Pourquoi donc cela, monsieur ?

— Parce que la fatalité qui pèse sur moi m'empêche de vous répondre d'une façon satisfaisante à cette première question que vous me faites l'honneur de m'adresser.

— Que voulez-vous dire ?

— Je veux dire, madame, que je suis un homme sans nom, un être déchu peut-être, un instrument inconscient entre les mains implacables de la fatalité !

Il passa par un geste fébrile sa main sur son front trempé d'une sueur froide; mais presque aussitôt, dominant par un effort suprême l'émotion qui lui tordait le cœur, et bien que son visage eût conservé la pâleur d'un suaire, il essaya de sourire et reprit avec un accent d'indifférence auquel toute autre personne que la comtesse se fût trompée.

— Mais laissons cela, je divague; madame, je suis sujet à des crises nerveuses pendant lesquelles je prononce des paroles qui n'ont aucun sens et que je ne comprends pas moi-même; mais, vous le voyez, ces crises passent vite, heureusement.

— Non-seulement je vous pardonne, monsieur, répondit la comtesse d'une voix douce et compatissante, mais je vous plains sincèrement, car vous devez horriblement souffrir; hélas! chacun a ses douleurs! Tel a constamment le sourire sur les lèvres, dont le cœur est broyé par une souffrance secrète, qui ne saurait être soulagée parce qu'elle est incurable; excusez-moi d'avoir par ignorance fait saigner une plaie toujours vive.

— Vous êtes bonne, madame, répondit l'inconnu avec une émotion profonde, soyez bénie mille fois pour les douces et consolantes paroles que vous avez prononcées; ceux qui me connaissent, ou du moins prétendent me connaître, me donnent indifféremment deux noms, selon la nationalité à laquelle ils appartiennent; pour les Allemands je suis le comte Otto de Walkfield; quant au nom que me donnent les Français, je vous demande la permission, madame, de m'abstenir, provisoirement du moins, de vous le faire connaître.

— Soit, monsieur, puisque vous le désirez, je n'insisterai point sur ce sujet; je ne sais si je me trompe, mais il m'a semblé, depuis notre rencontre, m'apercevoir, à certaines paroles que vous avez prononcées, que vous me connaissez, et cela depuis longtemps.

— C'est la vérité, madame; j'ai l'honneur de vous connaître non-seulement depuis fort longtemps, mais encore très-particulièrement.

— Que voulez-vous dire, monsieur ?

— Rien autre que ce que je vous dis, madame, et peut-être viendra-t-il un jour où je serai assez heureux pour vous donner la preuve de ce que j'avance.

— Mais je ne vous connais pas, moi, monsieur!

— C'est-à-dire, madame, que vous ne me reconnaissez pas, soit que mon souvenir se soit complétement effacé de votre mémoire, soit que de grands changements physiques se soient opérés en moi.

— Cette seconde raison me paraît beaucoup plus concluante que la première, répondit-elle en souriant avec finesse; je vois avec chagrin, monsieur, que vous êtes tout confit en mystères, une véritable énigme vivante; donc je m'incline. Croyiez-vous me rencontrer cette nuit dans la maison du garde? En un mot, est-ce dans l'intention de me voir que vous y êtes venu? Je suis franche, comme vous le voyez, monsieur, et je n'hésite pas à mettre les points sur les *i*.

— Je ne serai donc pas moins franc que vous, madame, répondit-il, en détournant légèrement la tête et en faisant tomber avec l'ongle de son petit doigt la cendre de son cigare; bien que vous ne fussiez pas étrangère aux motifs qui me poussaient à chercher à avoir une entrevue avec M. de Poblesko ou plutôt le baron de Stambow, je vous avoue en toute humilité, madame, que j'ignorais totalement votre présence dans l'hôtellerie et que ma surprise a été extrême en vous voyant ainsi paraître à l'improviste devant moi.

— Permettez-moi de vous faire observer, dit la comtesse avec une fine pointe d'ironie, que je ne comprends pas bien comment il se peut faire que, ignorant ma présence dans la maison forestière, et, admettant, ce qui n'est pas prouvé, entre vous et moi, une connaissance antérieure, de quelle façon vous, qui n'êtes ni mon parent ni mon ami, vous me pouviez mêler aux motifs plus ou moins graves qui vous ont poussé à rechercher une explication avec M. de Poblesko ; je vous ferai même remarquer en passant que, dans le cours de votre conversation avec ce sombre personnage, vous n'avez pas fait une seule fois allusion à ma mince personne.

— Tout cela est de la plus scrupuleuse exactitude, madame ; seulement, je me permettrai de vous faire observer, à mon tour, que vous avez complétement oublié la conversation qui a eu lieu entre vous et moi lorsque vous êtes entrée dans la grande salle de l'hôtellerie.

— Mais cette conversation, monsieur, n'avait aucune importance ; voyant mon déguisement deviné par vous et désirant que ce secret ne fût pas divulgué devant les étrangers qui nous écoutaient, j'ai feint de vous connaître, je vous ai parlé comme à un ancien ami, vous avez compris à demi-mot et m'avez, comme on dit au théâtre, donné la réplique, et cela si bien que tout le monde a pris le change, et moi-même, je vous l'avoue, j'ai été sur le point de croire à vos réponses.

— Je regrette qu'il n'en ait pas été ainsi, madame.

— Et pourquoi cela, s'il vous plaît?

— Parce que, madame, en vous répondant, je ne supposais nullement jouer un rôle ; vous parliez avec tant de naturel que tout autre à ma place y eût été trompé ; vous m'interrogiez sérieusement, je vous répondais de même.

— Mais cela est impossible, monsieur!

— Je ne vous comprends pas, madame.

— Enfin, cette lettre que j'ai écrite...

— A été ouverte par moi. J'ai l'honneur de vous répéter, madame, que tout s'est réellement passé de la façon que j'ai eu l'honneur de vous le dire dans la maison de ce pauvre Hertzog. Si quelqu'un a été trompé dans tout ceci, c'est moi seul. Vous voyez donc bien que j'avais raison lorsque je vous disais que j'étais venu là un peu pour vous.

— Je m'y perds. Je ne comprends plus rien à tout cela. Comment se fait-il que vous vous soyez fait passer pour Polonais près de M. de Poblesko ?

— Hélas ! madame, ne suis-je pas de tous les pays ? D'ailleurs, il me fallait un prétexte de querelle ; celui-là était excellent, d'autant plus qu'il ne compromettait personne, ajouta-t-il avec intention.

— Vous avez raison, raison toujours, monsieur ; je m'avoue vaincue.

— Est-ce tout ce que vous désirez savoir de moi, madame ?

— Quelques mots encore, si vous me le permettez ?

— Comment donc ! madame, parlez ; je suis le plus dévoué de vos serviteurs.

— Je vous confesse que je suis fort inquiète ; j'ignore où je me trouve ; je suis rendue de fatigue ; et pourtant il est pour moi de la plus haute importance de regagner au plus vite le village où j'ai laissé les personnes avec lesquelles je voyage ; que penseront-elles si, lorsque le moment de repartir sera venu, elles ne me voient pas au milieu d'elles ?

— Bannissez toute inquiétude, madame, vous n'êtes éloignée que d'une demi-lieue au plus du village où vous avez laissé vos amis ; le lieu où nous sommes est un abri sûr contre tout danger probable ; avec votre permission, pendant que vous prendrez une heure ou deux d'un repos qui vous est indispensable après les fatigues de cette nuit, j'enverrai deux de vos gens au village pour avertir vos amis de ce qui se passe et les amener ici au plus vite.

— Ne serait-il pas plus simple, monsieur, que je me rendisse moi-même au village ? Maintenant que je suis un peu reposée, cette demi-lieue, je me sens la force et le courage de la faire.

— Je n'en doute pas, madame, mais ce serait commettre une grave imprudence qui peut-être serait cause d'un irréparable malheur.

— Je ne vous comprends pas, monsieur.

— Je m'explique, madame : quel que soit votre courage, vos forces épuisées ne vous permettront de marcher que fort lentement.

— Qu'importe cela, monsieur? Pourvu que j'arrive au point du jour, c'est tout ce qu'il me faut.

— Non pas, madame, et voici pourquoi : le vieil anabaptiste qui vous a servi de guide pour vous rendre à la maison forestière, est resté entre les mains des Prussiens; ceux-ci le supposeront tout naturellement de connivence avec vous, ils l'interrogeront; c'est un honnête homme; ils emploieront le moyen qui jusqu'à présent, je dois en convenir, leur a toujours réussi; ils le contraindront à les conduire dans son village; il sera forcé d'obéir; vous comprenez, madame, sans qu'il me soit nécessaire d'insister davantage, les conséquences de cette mesure et les dangers terribles auxquels se verront exposées les personnes amies que vous avez laissées dans ce village.

— Oh! c'est affreux ! Croyez-vous réellement les Prussiens soient capables d'agir ainsi que vous le dites, monsieur?

— N'en doutez pas, madame; songez qu'ils sont furieux de l'échec qu'ils ont subi, qu'ils ne rêvent que vengeance ; la mort de M. de Poblesko doit les avoir affolés; ils emploieront tous les moyens pour découvrir les auteurs de ce meurtre, et ils n'hésiteront pas, faute de trouver les coupables, à sévir contre les innocents.

— Que faire, mon Dieu? murmura-t-elle en joignant les mains avec désespoir.

— Avoir confiance en moi, madame, et accepter le moyen que j'ai l'honneur de vous proposer et qui est le seul qui vous puisse sortir d'embarras et vous préserver du danger qui menace vous et vos amis ; acceptez-vous ma proposition, madame?

— Il le faut bien, monsieur; mais au moins vous êtes certain...

— A moins d'un hasard impossible à prévoir, madame, je réponds de vous sauver tous.

— Agissez donc à votre guise, monsieur, et que le ciel vous récompense de l'immense service que vous nous aurez rendu.

— Le bonheur de vous avoir été utile, madame, me payera amplement du peu que j'aurai fait; mais il vous faut prendre quelques instants de repos; vos forces ont besoin d'être réparées.

— Soit, monsieur, j'essaierai de dormir; je me sens accablée.

— Venez, madame, dans cette chaumière ; vous vous jetterez sur un amas de feuilles sèches, et, enveloppée dans mon manteau, vous serez parfaitement garantie du froid.

— Oui, dit-elle en essayant de sourire, à la guerre comme à la guerre ; d'ailleurs, mes yeux se ferment malgré moi.

L'inconnu aida madame de Valréal à se lever, puis, la prenant par le bras, il la conduisit dans l'intérieur de la chaumière.

— Reposez sans crainte, madame, lui dit-il; vous êtes sous la sauvegarde de mon honneur, je veillerai moi-même sur votre sommeil.

— Merci, monsieur, dit-elle en lui tendant gracieusement la main.

L'inconnu s'inclina respectueusement, pressa dans la sienne la main qui lui était tendue et sortit de la chaumière.

Dès qu'elle fut seule, la comtesse s'enveloppa dans le manteau que lui avait laissé l'inconnu, puis elle s'étendit sur un amas de feuilles sèches placé dans un des angles de la cabane, et, vaincue par la fatigue, elle s'endormit presque aussitôt d'un sommeil profond.

Le comte Otto de Walkfield, lorsqu'il eut quitté la chaumière, jeta vers l'endroit où les fugitifs s'étaient groupés un regard inquisiteur, puis il s'approcha lentement de la place qu'ils occupaient, couchés pêle-mêle sur l'herbe.

Les pauvres gens avaient, eux aussi, cédé à la fatigue, étendus les uns auprès des autres, ils avaient oublié leurs douleurs passées et dormaient, comme on dit vulgairement, à poings fermés.

Le comte les examina un à un avec la plus grande attention; puis, lorsqu'il se fut bien assuré qu'ils étaient tous plongés dans un sommeil profond, il s'enfonça résolûment sous bois.

Cependant il fit à peine une dizaine de pas au milieu des halliers; lorsqu'il eut atteint un endroit qu'il sembla reconnaître, il s'arrêta, puis il plaça ses deux mains en entonnoir à chaque coin de sa bouche et lança dans les airs deux cris de chouette, d'une imitation si parfaite que les oiseaux, blottis sous le feuillage, se réveillèrent en sursaut et battirent des ailes en poussant des cris de colère.

Presque aussitôt, deux cris de chouette se firent entendre à une distance assez rapprochée, le comte porta alors vivement son cigare à sa bouche, aspira deux ou trois fois la fumée avec force, puis il lança en l'air le cigare incandescent; celui-ci raya les ténèbres d'une ligne lumineuse et retomba à terre.

Au bout d'un instant, les buissons s'écartèrent et un homme parut.

Cet homme, revêtu d'un costume demi-civil demi-militaire, mais armé jusqu'aux dents, était jeune encore; ses traits fins et distingués sa fine moustache brune, son regard clair, vif et pétillant de finesse et d'intelligence lui formaient une physionomie essentiellement sympathique, tant elle respirait à la fois l'audace, la franchise et la bonté; sa taille était haute, ses membres robustes et bien attachés; en somme, cet homme semblait être une de ces fortes natures de montagnards qui plaisent parce qu'elles sont loyales et intéressent au premier coup d'œil.

Cet homme s'avança résolûment vers le comte, s'arrêta à deux pas de lui, le salua avec un mélange de respect et de bonhomie, et il attendit sans prononcer un mot qu'il plût à celui-ci de lui adresser la parole.

— Oh! oh! lui dit cordialement le comte à demi voix, vous n'avez pas tardé à répondre à mon appel, mon cher Conrad; vive Dieu! il paraît que vous avez fait diligence.

— Vous m'avez ordonné de me presser; je vous ai obéi comme toujours, mon cher Otto, répondit simplement celui auquel le comte avait donné le nom de Conrad.

— Et je vous en remercie, Conrad, reprit affectueusement le comte; d'ailleurs, ce n'est pas d'aujourd'hui que je sais que vous êtes un ami fidèle, il y a longtemps que vous et moi avons fait nos preuves.

Conrad s'inclina avec un sourire de bonne humeur, mais sans répondre autrement.

Le comte continua.

— Et les Prussiens? demanda-t-il.

— Ma foi, cher ami, répondit le jeune homme en riant, je ne sais pas ce que vous leur avez fait pendant votre folle équipée de cette nuit, mais ce qui est certain, c'est qu'ils sont furieux, ils semblent enragés, sur ma parole.

— Bon! tant que cela? reprit-il d'un air satisfait.

— Il faut que vous leur ayez joué un bien vilain tour.

— Moi, pas le moins du monde; je me suis introduit au milieu d'eux pour mener à fin une affaire particulière; il s'agissait tout simplement de me venger d'un de leurs innombrables espions qui de plus était mon ennemi particulier et auquel j'ai eu l'avantage de passer ma rapière à travers le corps et que j'ai tué roide.

— Ah! c'est donc cela, je m'explique maintenant la rage qui les anime. Diable! leur tuer un espion, et comme celui-là encore!

— Vous savez donc de qui il s'agit?

— Pardieu! ils ont assez crié son nom sur

tous les tons; M. de Poblesko, on n'entendait que cela !

— Tant mieux s'ils le regrettent si fort, cela me prouve que j'ai bien fait de le tuer.

— Hum? fit Conrad en hochant la tête ; je serais de votre avis s'il était mort.

— Comment, s'il était mort? se récria le comte, que voulez-vous dire, mon cher Conrad?

— Je veux dire que vous vous êtes trop pressé, vous vous êtes contenté de lui porter un seul coup, au lieu de l'écraser sous le talon de votre botte comme une bête puante, de sorte...

— De sorte?...

— Qu'il est blessé seulement, mais bien vivant, et qu'il est probable qu'avant peu il sera de nouveau sur pied.

— Vive Dieu ! si cela est ainsi...

— Cela est, je vous le certifie.

— Eh bien, c'est à recommencer, voilà tout, et la première fois que nous nous retrouverons face à face, je le tuerai, je le jure.

— Je le souhaite de tout cœur.

— Mais les Prussiens?

— Ne pouvant s'en prendre aux gens, puisque tous les habitants de la maison se sont échappés, grâce au vieillard que vous avez sans doute oublié derrière vous et qui a profité de cela pour secourir le blessé et le rappeler à la vie...

— Ah ! ah ! c'est donc le vieil anabaptiste qui a été assez âne?... interrompit le comte.

— Je ne sais si ce vieillard est anabaptiste, mais c'est à lui que vous devez que votre ennemi soit encore vivant.

— Je ne puis lui en vouloir pour cela, il a obéi à un sentiment d'humanité très-louable.

— Ah ! c'est comme cela que vous le prenez? Alors n'en parlons plus ; les Prusssiens qui éprouvaient le besoin d'assouvir leur rage d'une façon quelconque, ont commencé par piller la maison, puis, quand ils ont eu tout enlevé, ils ont mis le feu, selon leur habitude.

— Pauvre forestier ! Mais je réparerai ce malheur autant que cela me sera possible; continuez, cher ami.

— Oh ! j'ai terminé. Après ce double exploit, plus digne de bandits que de soldats, les Prussiens sont partis en emmenant avec eux le blessé et le vieillard qui lui a si providentiellement servi de garde-malade.

— Très-bien ! Et dans quelle direction se sont-ils éloignés?

— Pour cela je l'ignore, quant à présent du moins ; mais, avant deux heures, nous le saurons : j'ai mis deux de nos plus fins limiers à leurs trousses.

— Fort bien ; maintenant, prêtez-moi la plus sérieuse attention, mon cher Conrad, j'ai à vous entretenir d'une affaire de la plus haute importance.

— Bon ! fit-il en riant, je connais l'affaire dont vous voulez me parler ; il est inutile que vous preniez la peine de me la dire, mon cher Otto, c'est fait.

— Comment c'est fait ! s'écria le comte avec surprise, vous vous trompez, mon ami ; il est impossible que vous sachiez...

— Pardonnez-moi, mon cher Otto, je vous répète que je sais tout, et cela aussi bien que vous-même ; ne vous émerveillez pas ainsi, la chose est toute simple. Pendant que vous causiez avec Mme la comtesse de Valréal, je me trouvais, sans préméditation aucune, dissimulé derrière la chaumière devant laquelle vous vous teniez ; je m'étais hasardé jusque-là, supposant que peut-être vous auriez quelque ordre à me donner ; j'ai donc, sans le vouloir et à mon corps défendant, entendu bien malgré moi toute la dernière partie de votre conversation avec la comtesse ; j'ai compris que l'affaire dont elle vous entretenait était urgente, que le temps pressait ; ma foi, pardonnez-moi si j'ai eu tort, j'ai cru devoir prendre sur moi de donner les ordres nécessaires ; depuis plus de vingt minutes, dix de mes hommes sont partis au pas de course ; ils doivent avoir maintenant atteint le village;

si j'ai eu tort, mon cher Otto, je m'inclinerai devant votre blâme ; mais, je vous le répète, j'ai cru bien faire.

— Vous blâmer d'avoir devancé mes ordres dans une circonstance aussi importante! s'écria vivement le comte ; non pas, mon cher Conrad, je vous félicite au contraire; grâce à vous, mon ami, j'ai rattrapé le temps précieux qu'il m'avait fallu perdre, et, ainsi que vous l'avez si bien compris, l'affaire est des plus pressantes.

— Voilà ma seule excuse de mon involontaire indiscrétion ; ainsi tout est pour le mieux ?

— Certes, il eût été impossible d'agir avec plus d'intelligence.

— Tant mieux ! répondit-il en se frottant joyeusement les mains, et à présent autre chose ; quelle est la consigne ?

— Tout notre monde est-il présent ?

— Jusqu'au dernier homme, excepté, bien entendu, les éclaireurs chargés de surveiller ces bandits de casques à pointe.

— Ne laissez personne s'éloigner, sous aucun prétexte ; il nous faut redoubler de prudence et nous attendre à tout.

— Soyez tranquille, mais la consigne ?

— Toujours la même ; si je vous appelle, souvenez-vous que personne ne doit être reconnu : notre œuvre est toute de dévouement ; il nous faut conserver la liberté entière de nos mouvements, et par conséquent n'être connus ni de nos amies, ni de nos amis.

— Vous serez obéi ; si vous ne nous appelez pas ?

— Invisibles, quoi qu'il arrive, tout en continuant à marcher dans nos pas, à portée de pistolet.

— C'est entendu, n'avez-vous rien autre à m'ordonner ?

— Une seule chose, aussitôt vos éclaireurs de retour, me faire connaître immédiatement la direction prise par les Prussiens.

— Rapportez-vous-en à moi, mon cher Otto, ce sera fait.

Les deux hommes se serrèrent affectueusement la main, puis Conrad se glissa à travers les broussailles au milieu desquelles il disparut, et le comte de Walkfield, après avoir allumé un cigare, retourna nonchalamment et comme s'il se promenait dans la clairière.

Il retrouva tout dans l'état où il l'avait laissé, c'est-à-dire que ses compagnons de fuite continuaient à dormir à poings fermés.

Le comte alla, d'un air pensif, appuyer l'épaule contre le mur de la chaumière ; il croisa les bras, laissa tomber sa tête sur sa poitrine et se plongea dans de sérieuses et profondes réflexions, sans cependant négliger de veiller au salut de ses compagnons et de surveiller attentivement les bruits qui, de temps en temps, et sans causes appréciables, s'élevaient dans la forêt.

Près de deux heures s'écoulèrent ainsi sans que le comte fît un mouvement; aux rayons pâlissants de la lune, on l'eût pris pour une statue, tant son immobilité était complète ; les étoiles s'éteignaient les unes après les autres dans les profondeurs du ciel ; à l'extrême limite de l'horizon de larges bandes irisées de couleurs de plus en plus vives annonçaient le lever prochain du soleil, tout à coup, une main se posa doucement sur l'épaule du comte, celui-ci tressaillit et se redressa vivement ; si léger qu'eût été cet attouchement, il avait suffi pour le tirer de sa méditation, il se retourna.

Conrad était près de lui ; il l'interrogea du regard.

— Mes éclaireurs viennent de revenir, dit celui-ci ; les Prussiens, sans tenir compte au vieillard du service qu'il leur a rendu en rappelant l'espion à la vie, ont feint de le considérer comme complice de l'attentat commis contre M. de Poblesko ; en conséquence, ils l'ont contraint à leur servir de guide et à les conduire dans son village qu'ils prétendent soumettre à une exécution militaire.

— Les misérables ! s'écria le comte avec colère ; j'avais prévu qu'ils agiraient ainsi,

Passage d'un pont dans les Vosges.

heureusement que les victimes qu'ils espéraient surprendre leur échapperont, mais tout n'est pas dit encore ; Conrad, que nos hommes soient prêts à se mettre en marche au premier signal, dans dix minutes je vous rejoins. Allez, nous n'avons pas un instant à perdre.

Le comte réveilla aussitôt Karl Brunner et Otto, les deux plus dévoués serviteurs de la comtesse, et il leur dit quelques mots à voix basse ; ceux-ci s'inclinèrent respectueusement devant lui, prirent leurs armes et quittèrent immédiatement la clairière.

Le soleil se levait, les autres fugitifs commençaient à s'éveiller les uns après les autres, brisés encore par la fatigue, mais cependant en état de se remettre en route ; le comte s'approcha de maître Hertzog.

— Mon brave, lui dit-il, votre maison a été pillée et brûlée cette nuit par les Prussiens, je me considère comme indirectement l'auteur de ce malheur dont vous êtes victime, permettez-moi de le réparer autant que cela m'est possible, je ne veux pas que votre famille et vous soyez exposés à une misère imméritée ; acceptez ces cinq mille francs, ajouta-t-il en retirant d'un portefeuille plusieurs billets de banque qu'il lui présenta ; cette somme est bien faible, je le sais, mais elle vous aidera à vivre et à attendre des temps meilleurs ; surtout ne vous séparez des personnes avec lesquels vous êtes en ce moment que lorsque vous serez arrivé en lieu sûr.

Le brave forestier voulut d'abord refuser, mais le comte insista de telle sorte, il lui fit si bien comprendre qu'il s'agissait pour lui non du bien-être, mais du pain quotidien de sa malheureuse famille, que le forestier se sentit vaincu et accepta les larmes aux yeux ce secours qui le sauvait lui et les siens de la misère.

Le comte se déroba non sans peine aux bénédictions et aux remerciements de cette pauvre famille et se dirigea vers la chaumière.

La comtesse de Valréal l'attendait debout sur le seuil de la porte ; après avoir échangé avec lui les premiers compliments.

— Eh bien, monsieur, lui demanda-t-elle, avez-vous tenu la promesse que vous m'aviez faite ?

— Oui, madame, répondit-il en s'inclinant ; avant dix minutes vos amis seront ici, deux de vos serviteurs sont allés à leur rencontre.

— Soyez béni pour cette bonne nouvelle que vous me donnez ; comment pourrai-je jamais vous prouver ma reconnaissance ?

— Cela vous serait très-facile si vous le vouliez, madame ?

— Parlez, monsieur, s'écria-t-elle vivement, que faut-il faire ?

— Une chose bien simple, madame, suivre pendant trois jours, sans leur adresser une seule question, vos deux serviteurs, Carl Brunner et Otto, jusqu'à un endroit où je leur ai donné l'ordre de vous conduire.

La comtesse fixa sur son interlocuteur un regard d'une expression singulière que celui-ci supporta sans se troubler et le sourire aux lèvres.

— Mais pourquoi ce mystère ? lui demanda-t-elle au bout d'un instant.

— Qui sait, madame, répondit-il toujours souriant, peut-être pour vous causer une grande joie en même temps qu'une agréable surprise. Me faites-vous la promesse que je vous demande ?

— Soit, monsieur ; bien que je ne vous connaisse que depuis cette nuit, seulement, votre conduite envers moi a été à la fois si noble et si chevaleresque, que j'ai en vous la plus entière confiance ; je ferai ce que vous désirez, si bizarre que me semble cette exigence ; sans doute vous nous accompagnerez ?

— Hélas ! non, madame, à mon grand regret.

— Vous me quittez ?... si brusquement ?... fit-elle avec une surprise qu'elle ne put dissimuler.

— Il le faut, madame, reprit-il en s'inclinant profondément.

— Je n'insisterai point pour vous retenir, monsieur, nous vivons dans des circontances malheureuses où nul ne peut disposer à son gré de la minute à venir dont il ne saurait être maître ; mais au moins, je l'espère, cette séparation sera de courte durée, n'est-ce pas ? Je vous reverrai bientôt. Je suis votre obligée ; un service lie autant celui qui le rend que celui qui le reçoit et, ajouta-t-elle avec un charmant sourire, je tiens à m'acquitter envers vous.

— Je suis plus que payé, madame, du peu que j'ai pu faire, par les paroles de remerciement que vous me daignez adresser.

— Vous ne m'échapperez point par des compliments, monsieur, reprit-elle avec une certaine animation ; veuillez, s'il vous plaît, répondre à ma question.

— Eh bien, madame, puisque vous l'exigez...

Mais, s'interrompant brusquement et désignant à la comtesse plusieurs personnes à cheval et à pied qui pénétraient dans la clairière sous la conduite de Karl Brunner et de Otto :

— Que vous ai-je dit, madame, s'écria-t-il voici vos amis qui arrivent.

— Oh ! c'est vrai ! ce sont eux ! Dieu soit loué ! s'écria la comtesse en proie à la joie la plus vive et oubliant tout pour s'élancer au-devant des personnes qui arrivaient.

Cependant à peine eut-elle fait quelques pas que la mémoire lui revint et elle se retourna vers le comte.

Mais c'est en vain que la comtesse le chercha des yeux.

Il avait disparu.

Elle s'arrêta et demeura pensive pendant un instant.

— C'est étrange, murmura-t-elle à demi voix; parti, il est parti ! quel peut être cet homme ?... Que signifie ce mystère dont il s'enveloppe ?... Il m'a semblé parfois que certaines inflexions de sa voix me rappelaient !... Oh ! je le retrouverai, il le faut, ajouta-t-elle avec un de ces charmants mouvements de tête qui la rendaient si séduisante.

XII

LES ANABAPTISTES

La façon dont les Prussiens pénétrèrent dans la grande salle de l'hôtellerie, lorsque enfin la porte leur en eut été ouverte, ne saurait se comparer à rien : ce fut une véritable irruption de sauvages; ils se ruaient dans la salle en se pressant, se bousculant, hurlant et vociférant comme des bêtes fauves.

Il y eut un moment de désordre terrible, mais bientôt le flot déborda, s'étendit dans toutes les pièces et envahit toute la maison, y compris le jardin, où un grand nombre de ces bandits furent refoulés; alors commencèrent le pillage et les dévastations; tous les meubles furent brisés et fouillés, tout ce que possédait le pauvre forestier volé sans scrupule ou souillé et mis en loques; faute d'ennemis sur lesquels ils pussent se venger de leur déconvenue, ils assouvissaient leur rage impuissante sur tout ce qui leur tombait sous la main, faisant le mal pour le plaisir de le faire; le pauvre jardin de la maison forestière lui-même n'échappa point à cette rage de dévastation poussée jusqu'à la folie; les quelques maigres et rachitiques arbres fruitiers qu'il renfermait furent impitoyablement déracinés ou brisés.

Cependant, lorsque la plus grande partie de ces soldats bandits se fut éparpillée dans toute la maison, eut envahi toutes les pièces jusqu'aux caves et aux greniers, l'ordre se rétablit à peu près dans la grande salle, où il ne restait plus que quelques soldats occupés à fureter partout, à vider les armoires et les placards et à sonder les murs; et une dizaine d'officiers qui dédaignaient de se mêler à cette scène de pillage, sans doute parce qu'ils avaient deviné au premier coup d'œil que tout ce que contenait la pauvre maison ne valait pas la peine que l'on prenait pour le voler.

D'ailleurs ces officiers avaient à s'occuper d'un soin bien plus important que celui de voler quelques haillons sordides et sans valeur, celui de rechercher et de découvrir l'homme qui s'était glissé au milieu d'eux, et presque sous leurs yeux, comme pour les narguer, avait tué raide un de leurs espions, et blessé très-grièvement un autre.

Une telle audace ne devait pas rester impunie; quel que fût cet homme, ils voulaient, aussitôt qu'il tomberait entre leurs mains; et ils espéraient, grâce au moyens coercitifs dont ils disposaient, que cela ne tarderait pas, ils voulaient tirer de lui une éclatante vengeance, faire de ce misérable, ainsi qu'ils le nommaient, un exemple qui terrifiât l'Alsace tout entière, cette terre que, avec leur outrecuidance habituelle, ils considéraient déjà comme leur appartenant.

Dans leur orgueil tudesque, ils ne pouvaient permettre que les Alsaciens continuassent à considérer les espions prussiens comme des infâmes, et osassent en faire justice; où irait-on avec un tel système de représailles ? Le prestige et la puissance de l'armée allemande disparaîtraient aux yeux du monde émerveillé de ses incroyables succès.

Cette tendance des habitants de ce pays,

sur lequel ils pesaient si lourdement, à faire justice des traîtres, nuisait au premier chef à leur politique teutonne; il fallait couper court à ces velléités d'indépendance d'un peuple qui n'acceptait pas sa défaite et ne voulait pas renoncer à sa nationalité; il importait de réprimer cette résistance que rien ne décourageait et qui, chaque jour, prenait des proportions plus grandes.

Les armées françaises battues à Reischoffen, faites prisonnières à Sedan, étaient seules en droit de combattre pour protéger ce malheureux pays, elles n'existaient plus; la France épuisée était réduite aux abois, la guerre, en Alsace surtout, n'était plus qu'une rébellion et, suivant ce raisonnement avec leur logique sanguinaire d'écorcheurs du quatorzième siècle, ils ne reconnaissaient point aux francs-tireurs, qui seuls demeuraient alors debout et invincibles devant eux, le droit de se défendre; feignant de ne pas savoir que ces francs-tireurs étaient ces mêmes paysans dont ils pillaient les biens et brûlaient les villages, ils étaient résolus à trancher le mal dans sa racine en s'imposant par la terreur à ces populations qui, sourdes à leurs propositions dégradantes, préféraient succomber bravement les armes à la main, plutôt que de subir leur joug barbare, dût l'Alsace n'être plus qu'un vaste ossuaire.

Et, jusqu'au dernier moment, l'Alsace lutta pour rester française; abandonnée de tous par la force des événements, elle se suffit à elle-même sans forfanterie comme sans faiblesse.

L'Alsace ne fut pas conquise par les Prussiens, elle fut volée.

Le temps des conquêtes durables est passé pour toujours; malgré ce que disent les Richelieu au petit pied de notre époque, les invasions de barbares sont impuissantes à rien fonder de stable; la France n'est pas une Pologne qu'on démembre et dont on se partage les morceaux sur une table autour d'un tapis vert.

Les Anglais s'étaient emparés de Calais après un siége de onze mois; ils en avaient changé toute la population, l'avaient entouré des fortifications les plus formidables; ils gardèrent cette ville deux cents ans; un jour, cette longue occupation nous a fatigués : en huit jours nous avons repris Calais, parce que Calais était terre française et ne devait pas rester au pouvoir de l'étranger; que les conquérants tudesques réfléchissent à ceci : malgré toutes les précautions qu'ils prendront, tous les efforts qu'ils tenteront pour conserver nos deux malheureuses provinces et les germaniser, à l'heure précise marquée par Dieu, l'Alsace et la Lorraine feront retour à la France, et cela sans secousse, sans effort, tout naturellement; et ceci est tellement vrai, et les Prussiens eux-mêmes le savent si bien sans vouloir en convenir, qu'ils sont plus embarrassés de leur soi-disant conquête, que nous sommes désespérés, nous, de la perte que nous avons faite, parce qu'ils comprennent que ces deux belles provinces nous reviendront inévitablement, ce dont nous avons la certitude, n'en déplaise au sieur de Bismark, qui se trouve ainsi avoir dépensé tant de fourberie, de lâcheté et de scélératesse en pure perte; puisque, sans préjudice de l'avenir, il sent déjà les tressaillements intérieurs et mystérieux qui lui annoncent que son œuvre, avant que d'être complètement achevée, commence à péricliter entre ses mains, et que l'édifice qu'il a voulu construire ne sera bientôt plus qu'une ruine, méprisée même par ceux qui ont lutté pour lui le plus grand et le plus sincère enthousiasme.

Nous avons dit qu'un certain nombre d'officiers prussiens étaient demeurés dans la grande salle de l'hôtellerie; ces officiers s'étaient groupés debout dans un angle retiré de la salle, avaient pendant quelques minutes causé entre eux à voix basse avec une certaine animation, puis ils avaient pris des chaises, s'étaient assis en demi-cercle devant la table, et le capitaine Shimelmann, le plus élevé en grade de tous, avait fait un signe de la main à un sergent qui se tenait prêt à exécuter ses ordres.

Le vieil anabaptiste achevait tant bien que mal le pansement du blessé qui, après avoir ouvert les yeux à deux ou trois reprises, les avait refermés et semblait plongé dans une torpeur et un engourdissement presque léthargiques, lorsqu'il se sentit frapper assez rudement sur l'épaule.

Le vieillard se retourna, et, s'adressant au sergent qui avait ainsi attiré son attention :

— Que me voulez-vous ? lui demanda-t-il.

— Moi, rien, répondit le soldat, ce sont les nobles seigneurs que vous voyez là réunis qui désirent vous adresser quelques questions; levez-vous donc et me suivez.

Le vieillard jeta un dernier regard sur le blessé, se leva sans faire d'observations et se dirigea vers l'endroit où se tenaient les officiers; arrivé devant eux il s'arrêta, les salua et attendit qu'il leur plût de lui adresser la parole.

Les Prussiens examinaient le vieillard ; tout de suite ils l'avaient reconnu pour anabaptiste à la couleur sombre et à la coupe démodée de ses vêtements grossiers que des agrafes rattachaient autour de son corps au lieu de boutons.

Après deux ou trois minutes de silence, le capitaine Shimelmann prit la parole.

— Qui êtes-vous ? dit-il, comment vous nommez-vous ? et que faites-vous ici ?

Le vieillard ne sembla pas remarquer de quel ton impérieux et avec quel ton de menace ces paroles étaient prononcées.

— Monsieur, dit-il, je suis prêt à répondre aussi bien que je le pourrai à toutes les questions qu'il vous plaira de m'adresser; mais je vous prierais de ne m'en faire qu'une à la fois, afin que je puisse vous répondre clairement.

— Soit, reprit le capitaine d'un ton moins élevé, comment vous nommez-vous?

— Je me nomme Johann Shinner.

— Votre âge ?

— Quatre-vingt-deux ans et sept mois.

— Vous habitez cette maison, sans doute?

— Non, monsieur, ma demeure se trouve sur le plateau de Chenevières, dans le village qui porte ce nom.

— Quel métier faites-vous ?

— Je suis agriculteur, comme l'a été mon père avant moi, mon grand-père avant mon père, et si Dieu le permet, comme le seront mes fils après moi.

— C'est bien, jurez de répondre la vérité aux questions qui vont vous être faites.

— Tu ne prendras pas mon nom en vain, a dit le Seigneur, je ne ferai pas un serment, cela est défendu par l'Évangile ; j'affirmerai par oui ou par non ; je ne puis faire davantage.

— Prends garde à toi, vieux drôle, s'écria le capitaine avec violence, tes momeries pourront te coûter cher.

— Je suis entre les mains de Dieu, quoi que vous fassiez contre moi, il ne peut tomber un cheveu de ma tête sans sa volonté expresse ; je n'ai jamais menti, ce n'est pas à quatre-vingt-deux ans que je commencerai; interrogez-moi, je vous répondrai comme je m'y suis engagé, mais n'exigez pas de moi un serment impie que ma conscience repousse et que la religion me défend de faire; ni vos menaces, ni vos violences, ni vos mauvais traitements ne réussiraient à me le faire prononcer.

Ces paroles furent dites par le vieillard d'une voix calme, mais avec une fermeté et un accent de dignité qui, malgré lui, toucha le capitaine et lui donna à réfléchir; il connaissait les anabaptistes de longue date; il comprit qu'il n'obtiendrait rien par la menace; il se contint et reprit d'un ton plus doux :

— Vous connaissez l'homme qui habite cette maison, vous êtes son ami, sans doute?

— Je le connais comme nous nous connaissons tous sur la montagne, mais il n'est pas mon ami et je ne suis pas le sien.

— Comment se fait-il alors que vous vous trouviez ici ?

— Est-il nécessaire d'être l'ami de quelqu'un pour se trouver chez lui ?

— Alors pourquoi vous y trouvez-vous ? Qui vous y a amené ?

— Le désir de rendre service à une autre personne.

— Expliquez-vous plus clairement.

— Un voyageur désirait se rendre ici ; il ignorait la route ; il m'a prié de lui servir de guide, j'ai accepté.

— Quel était ce voyageur ?

— Une dame qui, hier au soir m'a demandé l'hospitalité et que j'ai reçue dans ma maison.

— Ah ! ah ! très-bien ! fit le capitaine avec un mauvais sourire ; et cette dame, quelle affaire avait-elle avec le maître de la maison où nous sommes ?

— Je l'ignore ; je ne connais pas cette dame ; ses affaires ne me regardent pas ; je n'avais rien à lui demander.

— Qu'est-elle devenue, cette dame ?

— Elle a quitté cette maison.

— Quand l'a-t-elle quittée ?

— Il y a une demi-heure tout au plus.

— Savez-vous où elle est allée, quelle direction elle a prise ?

— Je l'ignore.

— Comment avez-vous réussi à pénétrer ici, sans que nous vous ayons vu ?

— Nous sommes arrivés dans cette maison près de trois quarts d'heure avant vous ; à votre arrivée le forestier, sur la demande de la dame, nous a fait cacher dans un cellier où nous sommes demeurés longtemps.

— Ainsi vous avez entendu tout ce qui s'est passé dans cette salle ?

— Non-seulement j'ai tout entendu, mais encore j'ai vu tout.

Les officiers échangèrent entre eux un regard significatif.

— Pourquoi n'êtes-vous pas parti avec cette dame ? reprit le capitaine.

— Parce que l'humanité me défendait d'abandonner ce malheureux blessé sans secours.

— Ce blessé, le connaissez-vous ?

— Non.

— Vous ignorez son nom ?

— Je vous ai dit que je ne le connais pas.

— De quelle façon ces deux hommes ont-ils été assassinés ?

— Ils n'ont pas été assassinés.

— Comment vous osez soutenir pareille chose devant ce cadavre et en présence de cet homme agonisant ? Vous mentez !

— Je vous ai dit que jamais je n'avais menti ; ces deux hommes n'ont pas été assassinés.

— Alors comment les faits se sont-ils passés, le savez-vous ?

— Je le sais, j'étais présent.

— Parlez.

— Celui qui est là, blessé, s'est pris de querelle avec un autre que je ne connais pas et qui était arrivé un peu après lui, les deux hommes ont dégaîné et se sont battus ; que Dieu leur pardonne un si grand crime ! Tandis qu'ils se battaient, l'homme qui est là étendu s'est glissé, sans être vu, derrière un des deux adversaires et a essayé de l'assassiner ; le forestier qui se cachait sous la table s'est levé alors, s'est jeté sur cet homme et l'a tué ; voilà comment la chose s'est passée.

— Qui a blessé l'homme qui est là ?

— Celui avec lequel il se battait.

— Qu'est-il devenu cet homme ?

— Il est parti.

— Seul ?

— Non, avec la dame, l'hôtelier et sa famille.

— Lorsque pour la première fois vous avez parlé de la dame à laquelle vous avez servi de guide, vous avez dit un voyageur.

— Je l'ai dit en effet.

— Pourquoi avez-vous employé ce terme à propos d'une femme.

— Parce que cette dame, avant de quitter ma maison pour se rendre ici, a jugé prudent de prendre des vêtements masculins.

— Ah! ah! et quel costume porte-t-elle?

— Un costume de paysan du pays.

— Cette dame est jeune, belle, n'est-ce pas?

— Elle est jeune ; belle, je l'ignore ; je ne l'ai pas regardée.

— Lorsque cette dame vous a demandé l'hospitalité hier, était-elle seule?

— Non, je crois vous avoir dit que plusieurs personnes l'accompagnaient.

— Quelles sont ces personnes?

— Des dames et plusieurs domestiques.

— Des hommes?

— Oui.

— Et cette nuit, lorsqu'elle s'est rendue ici, était-elle seule avec vous?

— Non, deux domestiques armés la précédaient.

Les officiers échangèrent un nouveau regard entre eux.

— Ainsi, reprit le capitaine, les amis de cette dame sont demeurés dans votre maison?

— Ils y sont demeurés.

— Ils doivent y être encore alors?

— Je ne puis savoir ce qui se passe dans ma maison pendant mon absence.

— C'est juste, nous nous en assurerons ; vous affirmez que tout ce que vous avez dit est l'exacte vérité?

— C'est l'exacte vérité.

— C'est bien, nous le saurons bientôt, malheur à vous si vous avez menti.

Le vieillard sourit d'un air de dédain, mais il ne répondit pas.

Les officiers se consultèrent entre eux à voix basse pendant assez longtemps ; puis le capitaine se retourna vers l'anabaptiste toujours froid, impassible et immobile à la même place, et reprenant la parole :

— Vous habitez, dites-vous, le plateau de Chenevières ; ce plateau est-il éloigné de la maison où nous sommes?

— Il en est à trois lieues par les sentes forestières.

— Qu'entendez-vous par les sentes forestières?

— Les chemins frayés par les montagnards.

— Ces chemins sont-ils bons?

— Ils sont fort difficiles.

— Hum! il existe d'autres chemins plus faciles probablement?

— Il en existe, mais il faut faire de nombreux détours et la distance se trouve ainsi doublée.

— Peu importe, vous connaissez ces chemins?

— Je les connais.

— Ils sont sûrs, larges, bien frayés?

— Ils sont excellents.

— C'est bien, vous nous guiderez par ces chemins jusqu'à Chenevières où nous voulons nous rendre.

Le vieillard secoua sa belle tête blanche.

— Non, répondit-il nettement, je ne vous servirai pas de guide.

— Pourquoi cela, misérable?

— Parce que ce serait commettre une trahison et amener la mort, le pillage et l'incendie dans mes foyers et chez mes voisins du village.

— Der teuffel! s'écria le capitaine en frappant avec colère son poing sur la table, je saurai vous y contraindre.

— Essayez, répondit-il tranquillement.

— Osez-vous, misérable, entrer en lutte avec moi?

— Je suis un homme paisible, je n'ai jamais lutté contre qui que ce soit ; mais je suis Français et je mourrai plutôt que de trahir mon pays.

— Nous verrons ; bientôt vous changerez de ton.

— Je ne crois pas, je suis trop vieux pour craindre la mort et essayer de racheter, par une lâcheté infâme, les quelques jours qui peut-être me restent à vivre; vos menaces, pas plus que vos tortures, ne réussiront à me faire commettre le crime que vous exigez de ma faiblesse; je suis entre vos mains, je ne tenterai pas une résistance inutile ; vous me tuerez, si Dieu le permet, mais vous ne ferez pas de moi un traître.

— Donnerwetter! s'écria furieusement le capitaine Shimelmann.

En ce moment le colonel, qui venait de visiter tous les postes et d'expédier des coureurs dans toutes les directions afin de découvrir, si cela était possible, la direction prise par les fugitifs, fit son entrée dans la salle avec cette morgue hautaine qui caractérise les officiers et les gentillâtres prussiens.

En le voyant, le capitaine se tut; tous les officiers se levèrent et se tinrent immobiles, la main à la casquette.

— Que se passe-t-il donc ici? demanda-t-il : *Ihr verfluchte Hunde !* On vous entend sacrer comme des païens, d'une lieue à la ronde ; répondez, vous, capitaine Shimelmann, et soyez bref, le temps nous presse.

Le capitaine expliqua en quelques mots ce qui s'était passé.

Le capitaine haussa les épaules.

— Ainsi il refuse? dit-il.

— Positivement, herr colonel.

— Et il connaît bien cette route?

— Lui-même l'a affirmé, herr colonel.

— C'est que vous n'avez pas su bien vous y prendre.

— Cependant, herr colonel, je vous assure...

— Taisez-vous, interrompit-il brusquement, taisez-vous, capitaine Shimelmann, vous êtes bien nommé *Ihr schaufs Koeple!* vous êtes un sot.

Les officiers se mirent à rire de cette verte réplique, le capitaine se recula tout confus et en baissant humblement la tête.

Le colonel que les rires approbateurs des officiers avaient flatté, se dérida un peu et s'assit sur la chaise occupée auparavant par le capitaine Shimelmann, mais que celui-ci s'était empressé de lui céder.

— Voyons, drôle, approche ici, dit-il au vieillard.

L'anabaptiste fit deux ou trois pas en avant.

— Plus près, reprit le colonel.

Il s'avança encore.

Il y eut un court silence; le colonel réfléchissait sans doute; au rebours de Petit-Jean, c'était son commencement qu'il savait le moins ; en somme il cherchait son exorde; enfin il le trouva et reprit la parole.

— Comment se fait-il, sotte tête de mouton, dit-il, que tu aies répondu aussi bien à toutes les questions que l'on t'a adressées, et que maintenant, après t'être si judicieusement conduit, tu refuses une misère qui n'est rien pour toi? Voyons, qu'as-tu à répondre?

— Une chose bien simple, monsieur.

— Laquelle? Parle sans crainte.

— Oh! grâce à Dieu, je ne crains rien.

— Eh bien alors, qui t'arrête ! Pourquoi t'obstiner à refuser de faire ce qu'on attend de toi?

— Monsieur, lorsque j'ai été interrogé par M. le capitaine, puisque tel est son titre, je n'étais pas libre de mentir, il me fallait dire la vérité sous peine de commettre une action indigne, de me déshonorer ainsi à mes propres yeux ; le mensonge n'a jamais souillé mes lèvres, ce n'est pas à l'âge avancé où je suis parvenu que je m'en rendrai coupable ; je répondis donc selon ma conscience, et pour ainsi dire malgré moi, mais la situation change maintenant : vous m'ordonnez de vous servir de guide pour vous conduire au centre de la montagne où habitent mes parents, mes amis, mes coreligionnaires, ceci est une trahison non-seulement envers mes compatriotes, mais encore envers mon pays ; nul n'a le droit de disposer de moi contre ma volonté ; je refuse. Cherchez un autre guide,

Intérieur d'une tente de francs-tireurs.

si vous pouvez trouver dans toute l'Alsace un homme assez lâche pour vous en servir ; mais, quand vous devriez me couper par morceaux, je ne ferai pas un pas dans la montagne pour vous indiquer nos demeures.

Une rumeur de mécontentement s'éleva parmi les officiers, le colonel la calma d'un geste de la main, et, se renversant sur le dossier de sa chaise :

— Bien, mon ami, dit-il au vieillard, d'une voix douce et insouciante, je suis heureux de vous entendre parler ainsi, je vois avec plaisir que vous aimez votre pays et êtes incapable de le trahir ; quoi qu'en disent les Français qui prétendent que nous sommes des barbares, nous savons aussi bien qu'eux apprécier comme ils le méritent les sentiments d'honneur et de loyauté ; je n'insisterai pas davantage sur ce point, je ne veux pas vous faire manquer à ce que vous considérez comme un devoir envers votre pays ; maintenant que cela est convenu entre nous, causons d'autres choses, vous ne refuserez pas sans doute de répondre aux questions que je vous adresserai.

— Je ne refuserai pas, non, monsieur, si ces questions n'ont rien d'insultant pour mon honneur, répondit le vieillard avec fermeté.

— Ces paysans français sont impayables, sur ma parole, dit en riant le colonel ; ils parlent de leur honneur comme si tous ils étaient gentilshommes !

— Nous ne sommes pas gentilshommes dans le sens que probablement vous attachez à ce mot dans votre pays, monsieur ; mais nous sommes les enfants d'une terre libre, et tous, riches ou pauvres, nous sommes égaux devant Dieu qui nous a créés et devant les lois que nos pères ont faites en 1793.

— Tu prêches fort bien, mon ami, et tu me fais l'effet d'être issu du pur levain révolutionnaire et jacobin ; mais trêve à ces digressions et revenons à nos moutons, comme dit Rabelais, un de vos meilleurs auteurs qui écrivait sous un de vos rois chevaliers ; dites-moi, vieillard, comment se nomme l'endroit où nous sommes ?

— Vous le savez aussi bien que moi, monsieur.

— N'importe, dites toujours.

— Le Prayé.

— Très-bien ! Quelle est cette énorme chaussée empierrée ou pour mieux dire dallée qui passe presque devant cette porte ?

— C'est une ancienne voie romaine ; elle a, dit-on, été construite par César, du temps que les Romains étaient maîtres des Gaules ou du moins essayaient de l'asservir.

— S'étend-elle loin ?

— Je l'ignore, monsieur, je sais seulement qu'elle traverse tout le pays dans sa largeur ; bien que, dans beaucoup d'endroits, elle soit fort endommagée, on en retrouve les traces fort loin.

— Où commence-t-elle ?

— Je ne sais où elle commence, ni où elle finit, je ne l'ai jamais parcourue dans toute sa longueur, quoique je sois né dans le pays et que je ne l'aie jamais quitté.

— C'est alors le chemin habituel des habitants de cette contrée ?

— Tenez, monsieur, dit le vieillard en souriant avec une expression de finesse qui sembla soudain illuminer son visage, vous prenez, comme nous disons, nous autres montagnards, un chemin détourné pour arriver à votre but ; il est de mon devoir de vous avertir que vous vous trompez et que vous ne réussirez pas mieux de cette façon que de l'autre. Vous espérez me faire tomber dans le piége que vous me tendez, mais vous n'y arriverez pas, vous n'apprendrez pas plus par ce moyen que par un autre le chemin de nos villages ; s'il m'est défendu de mentir, il m'est permis de me taire. Eh bien ! puisque malgré tout vous insistez sur ce sujet, à votre aise, monsieur, interrogez tant qu'il vous plaira ; seulement, je vous avertis que je ne répondrai plus à une seule des questions que vous m'adresserez sur ce sujet ; je suis muet.

Après avoir ainsi parlé, le vieil anabaptiste croisa les bras sur la poitrine, redressa fièrement la tête et attendit froidement ce qui serait décidé de lui par ces vainqueurs, bandits qui méconnaissaient tous les sentiments d'honneur et ne respectaient ni l'âge ni le sexe dans la luxure de sang qui les animait.

— Damné paysan ! s'écria le colonel furieux de ce nouvel échec ; tous ces misérables Alsaciens sont les mêmes, on n'en peut rien tirer, ni par les menaces, ni par les promesses ? Donnerwetter ! ajouta-t-il en crachant avec rage au visage du vieillard, dont un sourire dédaigneux fut la seule réponse à cette ignoble injure, chien d'anabaptiste, tu payeras pour les autres ; qu'on s'empare de lui et qu'on le garrotte solidement, nous allons voir si nous n'aurons pas raison de son entêtement de mulet.

— Je vous ai dit : « Essayez ! » répondit le vieillard sans s'émouvoir de cette terrible colère qui faisait trembler les assistants ; maintenant plus que jamais, je vous le répète, j'ai foi en Dieu, il ne m'abandonnera pas dans ma détresse.

— Oui, compte sur Dieu, reprit en ricanant le colonel, il a autre chose à faire que de s'occuper de toi ; en attendant, vous autres, ajouta-t-il en s'adressant aux soldats, ficelez-moi ce drôle comme une carotte de tabac.

L'ordre fut immédiatement exécuté avec toute la barbarie requise; les soldats, pour faire du zèle, outrèrent les recommandations qui leur étaient faites et cela de la façon la plus cruelle.

Le vieillard n'opposa aucune résistance à ses bourreaux, à quoi bon, il était entre leurs mains; il resta calme, le sourire stéréotypé sur les lèvres et les yeux brillants d'enthousiasme.

En ce moment la porte s'ouvrit et un homme entra.

Cet homme, correctement vêtu de noir, était grand, maigre, avait le visage pâle et les traits ascétiques et durs; l'expression de sa physionomie était sombre et cauteleuse; ses yeux gris, très-enfoncés sous l'orbite et à demi voilés par d'épais sourcils en broussailles, brillaient comme des escarboucles, étaient toujours en mouvement, et leur regard louche ne se fixait jamais franchement.

— Eh! s'écria joyeusement le colonel en apercevant le nouveau venu, vous ici, monsieur Barnabé Staadts, soyez le bien arrivé; par quel hasard dans cette maison?

Il se leva tout en parlant ainsi et s'avança vivement au devant de Barnabé Staadts, que nos lecteurs n'ont sans doute pas oublié.

Disons tout de suite que le colonel était intérieurement charmé de cette diversion que lui offrait le hasard; malgré toute sa cruauté naturelle, il lui répugnait de se porter à des voies de fait sur un misérable vieillard, et il se félicitait de la visite imprévue du digne piétiste, visite qui lui donnait quelques instants de répit.

Le piétiste salua cérémonieusement le colonel, serra la main que celui-ci lui tendait, et répondit avec cette froideur de commande qu'il affectait continuellement:

— Ce n'est pas le hasard qui m'a conduit ici, noble colonel, cette maison est bien réellement le but que je me proposais d'atteindre en sortant de chez moi, il y a trois heures environ, monté sur un excellent cheval et suivi par un seul domestique.

— Tiens, tiens, tiens, fit le colonel devenu pensif, votre maison est donc située non loin d'ici, cher monsieur?

— Pas très-loin, du moins, noble colonel, à une douzaine de lieues, tout au plus.

— Et vous avez fait ces douze lieues en trois heures? der Teufel! C'est bien marcher, cher monsieur, je vous en félicite.

— Oh! je ne me suis pas pressé, répondit-il avec une légère pointe de fatuité, mon trotteur fait facilement cinq lieues et demie à l'heure quand cela est nécessaire.

— Alors c'est un bucéphale, un bayard, un bride-d'or, un prodige enfin; répondit en riant le colonel; et quel motif vous amène ainsi en pleine nuit?

— Non pas un, mais des motifs très-sérieux, noble colonel, et, comme j'étais certain de rencontrer ici M. de Poblesko, ou pour mieux dire le baron de Stambow, je n'ai pas hésité, et je suis venu parce que j'ai un besoin extrême de voir le baron.

— Oui, on vient de me donner quelques renseignements à cet égard; il paraît qu'il a été assassiné.

— Tout ce qu'il y a de plus assassiné; tenez, regardez-le, il est là, dans un coin, à demi mort.

— Me permettez-vous de l'examiner, noble colonel? Vous savez que je suis un peu médecin, peut-être n'est-il pas aussi malade qu'il le paraît.

— A votre aise, cher monsieur, à votre aise; pour ma part, je serais charmé qu'il en revînt, mais j'en doute fort, la blessure est, dit-on, effroyable, car, pour moi, je ne l'ai pas vue.

— Bon, je vous en rendrai bon compte.

M. Barnabé Staadts s'apppprocha du blessé suivi d'un soldat qui tenait une lanterne pour l'éclairer; il s'agenouilla près de M. de Poblesko, défit ses habits, visita la blessure, lui ausculta la poitrine, enfin se livra à toutes les cérémonies usitées en pareil cas; son examen fut long et consciencieux; enfin il remit tout en ordre, se releva et vint s'asseoir auprès du colonel.

— Eh bien, lui demanda celui-ci, vous avez terminé votre examen, quel en est le résultat?

— Satisfaisant, noble colonel, très-satisfaisant.

— Bien vrai, cher monsieur?

— Certes, je vous affirme que notre ami, non-seulement en reviendra, mais qu'avant quinze jours il sera sur pied.

— Voilà qui est prodigieux.

— Non, c'est tout simple, au contraire, noble colonel; d'abord M. de Poblesko n'a pas été assassiné.

— Vous croyez?

— J'en suis sûr; M. de Poblesko a reçu un coup de rapière à travers le corps; il y a eu lutte, combat, duel, que sais-je, mais pas assassinat, la direction de la blessure l'indique, cette blessure est large, ce qui ne serait pas s'il avait reçu un coup de poignard.

— Vous pourriez bien avoir raison, dit le colonel devenu rêveur.

— J'ai raison certainement, le coup a été porté avec un telle force que le pommeau de la rapière a fait bélier sur la poitrine du blessé qui est contusionnée, et l'a renversé à terre comme foudroyé.

— Mais alors il est traversé de part en part.

— Oui, mais comme les plis du manteau du baron trompaient son adversaire, la blessure n'est entrée que de côté sans attaquer aucune partie noble, la perte considérable de sang qui a suivi sa blessure et le coup de pommeau sur la poitrine, sont les seules causes de l'état de stupeur dans lequel il se trouve, mais cet état n'a rien d'inquiétant.

— J'en suis réellement charmé, M. de Stambow est un esprit d'élite qui nous a ouvert l'Alsace et livré toutes ses ressources; en somme sa perte serait irréparable pour nous en ce moment.

— Tout ce que vous dites est de la plus rigoureuse exactitude, noble colonel, voilà pourquoi il nous faut songer à lui faire donner le plus tôt possible les soins qui lui sont indispensables, et dont ici il manque complétement.

— Je me mets à votre disposition pour tout ce que je pourrai faire.

— Je ne serai pas exigeant, je vous demanderai seulement un fourgon et quelques hommes d'escorte pour conduire le baron jusque chez moi, où je compte le soigner; mes frères et moi nous connaissons assez la médecine pour le tirer d'affaire; il nous faut être prudent et ne pas ébruiter cet événement, que, dans notre intérêt, nous devons autant que possible dissimuler au public, afin d'éviter des commentaires toujours désagréables et qui ne seraient pas à notre avantage; je n'ai pas besoin de vous dire quelle haine profonde les Alsaciens professent contre nous.

— Ce n'est malheureusement que trop vrai, ces démons de Français les ont ensorcelés; ils ne veulent pas en démordre.

— Patience, dit le piétiste avec un accent singulier; les choses changeront bientôt, je vous le promets.

— Le ciel vous entende! cher monsieur, car l'existence que nous menons ici n'est pas tenable.

— Croyez-en ma parole, je suis bien renseigné, noble colonel; mais je vous en prie, songez à mon fourgon, notre blessé a besoin de soins.

— C'est vrai, j'oubliais; pardonnez-moi; je vais moi-même donner des ordres; je ne vous demande que cinq minutes.

Le colonel quitta alors la grande salle de l'hôtellerie, dont la porte se referma derrière lui.

———

XIII

LE PLATEAU DE CHENEVIÈRES

La grande salle de la maison forestière offrait alors un aspect des plus pittoresques et des plus singuliers.

Des torches de résine avaient été fichées dans le mur pour servir d'éclairage ; leurs lueurs blafardes imprimaient un cachet étrange aux physionomies brutales des soldats et des officiers ; des nuages d'une fumée roussâtre produite par les torches roulaient au-dessous du plafond comme une mer houleuse ; au bout de la table les officiers buvaient et fumaient et disparaissaient à demi derrière le rideau produit par la fumée de leurs énormes pipes. Quelques soldats dormaient couchés sur la paille, d'autres épars çà et là, debout et immobiles, attendaient des ordres.

Le vieillard, les membres garrottés, était couché sur un banc ; M. de Poblesko, le haut du corps appuyé au mur, disparaissait presque dans l'ombre ; le corps de Bidermann, l'espion tué par le forestier, gisait dans une mare de sang sur le sol ; quant à M. Barnabé Staadts, il était sur sa chaise, plongé dans ses réflexions.

Dans les pièces intérieures et jusque dans les greniers, on entendait le grouillement incessant des soldats occupés à piller et à dévaster impitoyablement la pauvre demeure du malheureux forestier.

Le colonel demeura absent beaucoup plus longtemps qu'il ne l'avait dit, plus d'une demi-heure s'écoula avant qu'il ne reparût ; lorsqu'il rentra, il avait l'air soucieux, préoccupé, jeta un regard mécontent autour de lui et vint s'asseoir sans dire un mot auprès de M. Barnabé Staadts.

Celui-ci l'examina un instant à la dérobée, puis, voyant que le colonel ne se décidait pas à lui adresser la parole, il prit sur lui d'entamer l'entretien.

— Eh bien ! noble colonel, lui demanda-t-il, avez-vous eu la bonté de faire préparer le fourgon que je vous avais prié de mettre à ma disposition ?

— Tout est prêt, vous pouvez partir quand il vous plaira, cher monsieur, répondit l'officier de son accent le plus bourru.

— Comme vous dites cela, noble colonel, vous semblez contrarié ; serais-je sans le savoir, pour quelque chose dans cette contrariété ?

— Non pas, cher monsieur, vous n'êtes pour rien dans ce qui m'arrive, répondit le colonel sans se dérider.

— Je vais alors sans tarder profiter de la permission que vous me donnez ; cependant je vous avoue que je ne voudrais pas vous quitter ainsi.

— Pourquoi cela ?

— Parce que je ne voudrais pas, noble colonel, m'éloigner sans savoir d'où provient votre mauvaise humeur.

— Bah ! Qu'est-ce que cela vous fait ?

— Beaucoup plus que vous ne le supposez ; dites-moi ce qui en est, et qui sait, peut-être pourrai-je vous donner un bon avis.

— Eh bien, soyez satisfait, voici la chose en deux mots ; tout me porte à supposer que l'homme qui s'est glissé si audacieusement au milieu de nous et a blessé si grièvement M. de Poblesko est caché avec ses complices dans un village peu éloigné du lieu où nous sommes en ce moment.

— Eh bien, noble colonel ?

— Eh bien, j'ai ici un vieil anabaptiste entêté comme un mulet, qui, ni pour or ni pour argent, ne veut consentir à me conduire au village dont je vous parle.

— Les anabaptistes sont une race perfide dévouée aux Français, qui protègent leur idolâtrie ; vous n'obtiendrez rien de cet homme.

— Je l'ai bien vu, et je suis forcé de laisser ainsi échapper un misérable qui a commis un grand crime, et ses complices, tout aussi coupables que lui, cela faute d'une misère, d'une indication qu'un enfant, s'il le voulait, pourrait me donner, faute enfin de savoir la route qui conduit à ce village maudit.

Il y eut un silence.

— Et ce village est-il bien éloigné d'ici, noble colonel? dit M. Barnabé Staadts de ce ton dogmatique qui lui était particulier.

— Trois lieues tout au plus.

— Savez-vous le nom de ce village, noble colonel?

— Chenevières.

— Chenevières, oui, c'est cela ; je connais très-bien ce village ; vous êtes bien informé, noble colonel ; il se trouve, en effet, à la distance que vous indiquez, à vue de pays, bien entendu, car, pour s'y rendre par des chemins où vos chevaux et vos bagages puissent passer sans encombre, il faut doubler au moins cette distance.

— Voilà précisément ce qui m'enrage, s'écria le colonel, c'est que je ne connais pas les chemins qui conduisent à ce misérable village.

— Qu'à cela ne tienne, noble colonel, oubliez votre mauvaise humeur, ce guide qui vous manque...

— Eh bien ?

— Eh bien, je vous le fournirai, moi, et je vous certifie qu'il vous conduira directement et sans dévier d'un pas.

— Vous feriez cela, cher monsieur ?

— Certes je le ferai, puisque je le promets.

— Mais cela nous prendra bien du temps, et vous le savez, nos moments sont précieux.

— Je le sais, mais rassurez-vous, noble colonel, vous ne perdrez pas une seconde, car ce guide ce sera moi.

— Vous ?

— Moi-même, je vous le répète.

— Je vous remercie cordialement de cette offre que j'apprécie, croyez-le bien, mais cela est malheureusement impossible.

— Pourquoi donc cela, noble colonel ?

— Et le blessé que vous oubliez.

— Je ne l'oublie pas le moins du monde ; mon domestique le conduira chez moi, je lui remettrai une lettre pour mes frères ; ainsi que je vous l'ai dit, ils connaissent la médecine aussi bien que moi ; entre leurs mains M. de Poblesko ne courra aucun danger, d'ailleurs mon absence ne sera pas de longue durée.

— S'il en est ainsi, je n'insiste pas et je vous remercie sincèrement.

— Ne me remerciez pas, noble colonel, je tiens autant que vous y tenez vous-même à me rendre à Chenevières ; il y a là un nid d'idolâtres anabaptistes, tous dévoués à la France et que, dans l'intérêt de la cause que vous et moi nous défendons, il est important de détruire.

— Vous avez parfaitement raison, il sera fait comme vous le désirez ; ainsi vous partez avec nous ?

— C'est convenu, donnez-moi ce qui m'est nécessaire pour écrire ; mais non, c'est inutile, j'ai là mon calepin, un mot au crayon suffira.

En effet, M. Barnabé Staadts sortit son portefeuille de sa poche, écrivit au crayon quelques mots sur une feuille blanche qu'il déchira ensuite, puis il remit cette feuille pliée en deux au colonel.

Le colonel prit le papier et sortit d'un air radieux.

Au bout de cinq ou six minutes on entendit un bruit de roues au dehors.

C'était le fourgon qui devait servir au transport de M. de Poblesko.

Plusieurs soldats entrèrent, soulevèrent le blessé avec précaution dans leurs bras et le déposèrent dans le fourgon sur un lit fait au moyen de quelques bottes de paille, et de couvertures qui servirent à envelopper le blessé afin de le garantir du froid piquant de la nuit.

Le jeune homme se laissa faire sans paraître s'apercevoir de ce qui se passait et sans sortir de sa stupeur.

Lorsque le domestique eut reçu les dernières recommandations de son maître, recommandations qu'il écouta chapeau bas et avec les marques du plus profond respect, il monta à cheval, donna le signal du départ et la voiture partit au grand trot, entourée par son escorte, et bientôt elle disparut dans les ténèbres.

— A nous maintenant, dit le colonel en rentrant dans la grande salle en compagnie de M. Barnabé Staadts; à l'ordre, messieurs, ajouta-t-il en s'adressant aux officiers.

Ceux-ci se levèrent aussitôt et vinrent avec empressement se ranger autour de leur chef.

— Messieurs, nous partons, reprit celui-ci; il faut que dans un quart d'heure nous ayons évacué cette bicoque où nous sommes demeurés trop longtemps; faites relever les sentinelles, réunissez vos soldats, faites bourrer cette masure de matières combustibles; on y mettra le feu au moment où nous partirons. La nuit est sombre, ajoua-t-il en ricanant; cet incendie éclairera notre marche et nous empêchera de nous égarer. Allez, messieurs, que tout soit prêt dans un quart d'heure.

Les officiers se mirent à rire respectueusement de cette charmante plaisanterie et s'éloignèrent pour exécuter les ordres de leur chef.

Dix minutes plus tard, la maison littéralement bondée de matières inflammables et propres à propager l'incendie, était complétement évacuée par les soldats; ils ne s'étaient retirés, bien entendu, que chargés des dépouilles du malheureux forestier.

Un sous-officier qui depuis quelques instants se tenait près de la porte de la salle avec cinq ou six soldats, s'approcha alors du colonel qui se promenait de long en large en causant à voix basse avec M. Barnabé Staaddts.

— Mon colonel, dit-il, respectueusement.

— Que veux-tu? demanda le colonel en s'arrêtant et en le regardant d'un air mécontent.

— J'ai reçu l'ordre de mettre le feu à cette bicoque.

— Après, explique-toi vivement, brute, je n'ai pas de temps à perdre avec toi.

— Que faut-il faire de cet homme? Faut-il le laisser où il est est?

Et il désigna d'un geste le vieillard toujours garrotté et étendu sur le banc.

Le colonel jeta un regard froid et indifférent sur le pauvre homme.

— J'avais oublié ce drôle, dit-il; il mériterait bien que je le laissasse griller tout vivant comme un sanglier aux abois; mais non, ajouta-t-il au bout d'un instant, j'ai besoin de lui encore, il ne perdra rien pour attendre; rendez-lui la liberté de ses membres, il nous suivra; vous m'en répondez sur votre tête.

— Pourquoi vous embarrasser de ce vieux paysan, dit M. Barnabé Staadts de son air le plus béat, ne valait-il pas mieux l'abandonner à son sort?

— Non, je préfère qu'il nous accompagne.

— Vous avez pitié de lui, vous avez tort, noble colonel, les vieux loups sont les plus redoutables.

— Pitié, moi, répondit le colonel, d'une voix railleuse, ou vous ne me connaissez pas ou cette supposition est une plaisanterie; que m'importe la carcasse décharnée de ce vieux misérable; non, un motif plus sérieux m'engage à le laisser vivre encore une heure ou deux; c'est lui qui a donné l'hospitalité à la couvée de traîtres que j'ai le désir de surprendre au gîte, et j'ai besoin de lui pour cela; me comprenez-vous, cher monsieur Staadts?

— Parfaitement, noble colonel; je trouve

même à présent que vous auriez grand tort de ne pas agir ainsi que vous le faites.

— Je suis heureux que vous partagiez mon opinion ; venez, il est temps de nous mettre en selle.

Ils quittèrent alors la grande salle, où il ne resta plus que le sous-officier, le vieil anabaptiste et les soldats.

Le vieillard, longtemps et cruellement garrotté, ne pouvait encore se tenir sur ses jambes chancelantes et engourdies, la circulation du sang ne se rétablissait que faiblement dans ses veines comprimées ; il souffrait de cuisantes douleurs, mais son visage était de marbre et il endurait tout sans se plaindre.

Après avoir fait détacher les liens du vieil anabaptiste, ainsi que le colonel lui en avait donné l'ordre, le sergent avait envoyé deux soldats dans les greniers, avec des torches allumées ; d'autres furent chargés des caves. Quant au sergent, il se réserva la grande salle et les pièces du rez-de-chaussée.

Du reste, les mesures avaient été si bien prises et les ordres si exactement exécutés, qu'en moins de cinq minutes la pauvre maisonnette flamba tout entière comme une immense torche.

Ce fut à la lueur de ce lugubre phare qui éclairait leur route de ses sinistres reflets et de ses flammes blafardes, que les Prussiens opérèrent leur retraite et abandonnèrent le Prayé, ne laissant comme toujours partout où ils passaient, que des ruines calcinées et noircies derrière eux.

Le colonel et M. Barnabé Staadts tenaient la tête de la colonne qui s'allongeait derrière eux comme un immense serpent sur la route sinueuse, et prenait les aspects les plus fantastiques et les plus étranges aux reflets sanglants des flammes de l'incendie que le souffle capricieux de la brise nocturne faisait onduler dans toutes les directions.

Tout en maintenant leurs chevaux à un trot modéré, les deux hommes s'entretenaient à voix basse.

Après quelques mots préliminaires échangés sur la sûreté de la route pour le convoi et le temps probable que durerait le trajet jusqu'au village, la conversation prit une tournure des plus sérieuses.

Le colonel apprit alors de M. Staadts que certains pasteurs piétistes, à Strasbourg même, avaient hautement prêché dans les temples en faveur des Allemands ; que le parti piétiste relevait partout la tête en Alsace, et qu'il organisait une chaude propagande dans l'intérêt des Prussiens, que ce parti s'efforçait de représenter aux Alsaciens comme des libérateurs, tandis que les Français étaient traités d'impies, de fils de Sodome et de Gomorrhe et accablés des insultes les plus grossières.

Cependant la marche continuait toujours.

Le jour commençait à paraître, le soleil n'allait pas tarder à se lever, déjà l'horizon commençait à s'iriser de bandes d'un jour vif.

— Sommes-nous encore bien éloignés du plateau de Chenevières? demanda tout à coup le colonel à son guide silencieux et morose.

— Une lieue et demie à peu près, répondit le piétiste, le détour que nous avons été contraints de faire nous a beaucoup retardés ; dans trois quarts d'heure tout au plus nous atteindrons le plateau ; du reste le chemin n'est plus difficile maintenant, vous le voyez serpenter aux flancs de la montagne jusqu'au plateau qui se dresse là devant nous.

— Ah! c'est là le plateau de Chenevières?

— Oui, noble colonel, vous n'aurez plus besoin de guide pour y arriver.

— En effet, la route est des plus simples maintenant ; est-ce que vous voudriez nous fausser compagnie, cher monsieur?

— Quelle supposition, noble colonel! vous fausser compagnie, moi !

— Pardonnez-moi, cher monsieur, je l'avais